Reflexionando
autor: Nick Arandes

© copyrighted 2020

Nota para bibliotecarios: un registro de catalogación para este libro está disponible en Biblioteca y Archivos EE. UU.
Impreso en EE. UU. ISBN: 9798608177217

Sentimos que es responsabilidad de todos nosotros, como individuos y corporaciones, tomar decisiones que sean de beneficio ambiental y socialmente sanas. Usted, a su vez, respalda esta conducta responsable cada vez que compra un libro publicado por Nick Arandes, o hace uso de nuestros servicios de publicación.

Nuestra misión es proporcionar de manera eficiente el mejor y más completo servicio de publicación de libros en el mundo que permite a cada autor experimentar el éxito. Descubra cómo publicar su libro, a su manera, y tenerlo disponible en todo el mundo. Visítenos en línea en www.CreateSpace.com

www.NickArandes.com 638 Camino de Los Mares H130-135 San Clemente, CA 92673 correo electrónico: info@fulfillyourdreams.com

ISBN: 9798608177217
****

Tabla de Contenido

Agradecimiento

Quiero aprovechar este momento y expresar mi eterno agradecimiento a las personas que voy a mencionar, al igual que relatar brevemente la razón por la cual me siento así. Cuando mi segundo libro, titulado Lo Que Pasó Cuando Dejé Ir se publicó, **Eduardo Mayordomo de la Fuente**, profesor de Lengua Castellana y Literatura en un centro público se puso en contacto conmigo y sintió un deseo profundo de ofrecer sus servicios y revisar el manuscrito, dado que encontró algunos errores de ortografía.

En un principio, no sabía si aceptar su ofrecimiento, pues no quería sentir que me estuviese aprovechando de sus servicios. Sin embargo, él insistió en que sería un regalo para él poder revisar el manuscrito, dado el beneficio que ha obtenido de todo el trabajo que he estado haciendo por más de 10 años, y por el cual yo nunca he pedido nada a cambio. Así que primero observé mi resistencia a recibir y luego acepté su propuesta. Gracias a ello se ha desarrollado una bonita amistad y, a su vez, él se ha convertido en el editor de todo lo que escribo, respetando mi estilo de expresión. Así que, gracias, Eduardo, por tu amistad, confianza y apoyo.

Agradezco también a **Azucena Mayordomo,** su hermana, que, dada la inesperada partida de Eduardo de este mundo en octubre de 2019, se ofreció a completar el trabajo de revisar este documento. No hay palabras para expresar el amor y agradecimiento que siento por el privilegio de haber compartido con Eduardo tantas conversaciones, al igual que, a raíz de nuestro encuentro, también conocer a su hermana Azucena. Son seres de amor incondicional, y, para mí, ejemplos de cómo vivir anclados en el amor.

Estas próximas dos personas que voy a mencionar, si me preguntas cómo las podría describir en una oración, sería: "El viento debajo de mis alas que me sostiene y me eleva".

La primera es **Fayna Curbelo**, a quien las personas que han seguido mis vídeos seguramente conocen. Cuando nos conocimos, tengo claro que la Divinidad sabía que ella se convertiría en una persona muy significativa en mi vida, pues, al haber compartido una hermosa relación que duró poco más de un año y tres meses, pude hacer un trabajo profundo que me llevó a desmantelar todos los conceptos que tenía sobre las relaciones, las cuales en mi pasado me impidieron aprender a amar verdaderamente. De hecho, gracias a todo lo que

Fayna y yo compartimos, surgió la madurez e inspiración que, a través de mí, dio lugar a las reflexiones que forman parte del contenido de este libro.

Una vez que la relación entre Fayna y yo cumplió su propósito, llegó el momento en que la vida hizo que nos separásemos. El amor que nos une sigue estando ahí, solo que los cuerpos tienen ahora currículos diferentes. Esa separación me puso en contacto con unas heridas muy profundas que ahora estaba listo para mirar. Y, aunque siempre he tenido, y seguro que tendré, el apoyo de Fayna, la realidad era que en esta segunda etapa del proceso ella no era la persona indicada para acompañarme debido a los sentimientos que aún sentía hacia ella. Ahí fue cuando la vida me asigna a **Beth González Nieto**.

Aunque Beth y yo compartimos una muy bonita amistad desde antes de conocer a Fayna, nuestras múltiples conversaciones me sirvieron profundamente para poder atender las heridas en mí que tocaban ser expuestas y sanadas.

Habiendo expresado mi sentir por las cuatro personas que mencioné, no puedo dejar de mencionar la gratitud que siento por ti, que, aunque quizás no te conozca personalmente, el mero hecho de tú tener este libro en tus manos demuestra la confianza que has depositado en mí para poder compartir estas reflexiones, que son por las que se rige mi vida. Nunca me he considerado un maestro. Soy, simplemente, un practicante que en lo más profundo de su corazón desea recordar su Verdadera Esencia, llámesele, Verdad, Dios, Amor, Paz, etc.

Si sientes que algo de lo compartido en este libro te ayuda a ser consciente de esa Divinidad que Eres, recuerda, no fui "yo", Nick Arandes, la fuente de donde surgieron las palabras. Fue la Conciencia misma, de la cual "tú" y "yo" formamos parte, la que inspira todo lo que se escribe.

Agradecido por ese Amor que ha orquestado todos y cada uno de los encuentros que han tenido lugar en mi vida, caminando juntos de la mano de Aquel que nos conduce al reconocimiento de la Verdad, deseo que disfrutes este libro.

Sobre el Autor

Nick Arandes no es un "maestro espiritual", ni un "gurú", ni se considera "experto" en nada. Es, simplemente, un individuo cuyo deseo profundo por la Verdad lo ha llevado a transitar un camino de autodescubrimiento. Comparte su experiencia sin imponer su punto de vista y sin intentar convencer a nadie, respetando completamente las creencias y los caminos que a cada ser humano le ha tocado recorrer. En sus propias palabras, *"Solo comparto mi experiencia. Si resuenas con ella, la puedes aceptar, si no, la puedes descartar. Pero siempre recuerda que lo que buscas es lo que eres".*

Aunque a Nick se le conoce mundialmente a raíz de su vínculo con las enseñanzas de *Un Curso de Milagros*, no porque su deseo haya sido el de enseñarlo, sino porque eso fue lo que tuvo lugar en su experiencia personal, la vida lo fue llevando a dejar de compartir esa teoría y a dedicarse más a integrarla y a vivirla. No obstante, su deseo de compartir sobre nuestra esencia como amor, como aquello que no puede ser descrito en palabras, sigue teniendo lugar sin él poder hacer nada al respecto.

Siendo ese el caso, en sus escritos, al igual que en sus charlas, cita extractos de *Un Curso de Milagros*, al igual que de enseñanzas como el *Advaita*, que son puramente no-duales. Aun así, puede que cite extractos de la *Biblia* o de cualquier enseñanza de origen espiritual si le sirve para apoyar el mensaje que en ese momento surja a través de él, si eso es lo que el amor le inspira a hacer.

No obstante, sea lo que sea que Nick termine compartiendo, él tiene muy claro que su deseo más profundo es en todo momento recordar que *solo el amor es real*.

Dedicatoria a Eduardo Mayordomo de la Fuente

En octubre de 2019, nuestro hermano **Eduardo Mayordomo de la Fuente**, quien muy amorosamente se prestó a revisar ortográficamente mi libro anterior, *Lo Que Pasó Cuando Dejé Ir*, al igual que éste, repentinamente dejó el cuerpo a un lado a raíz de un derrame cerebral. Fue una noticia que nos desconcertó a todos. Su amor era tan profundo e incondicional, que todo el pueblo sintió su partida. Para la misa de su funeral, estaba prácticamente el pueblo entero, la iglesia, estaba repleta, no cabía la gente. En nuestras conversaciones, se podría deducir que estaba claro que en cualquier momento dejaría su cuerpo a un lado pues su amor por Dios, su amor por la Verdad era tan profundo, que estaba listo para fundirse con la Divinidad. Al recibir la noticia de su partida, su esposa me pidió si podía escribir algunas palabras para que ella pudiese compartir en la misa. Si hay algo que tengo claro es que "yo" no puedo escribir nada. Simplemente Eso que nos vive es el que inspira las palabras que salgan a través de este organismo cuerpo mente. Con permiso de su familia aquí las comparto:

> "Mi nombre es Nick, y ciertamente soy de los privilegiados que tuvo la oportunidad de conocer y compartir con Eduardo, aunque fuese por teléfono, durante su estancia en este mundo. Reconozco el dolor que los seres queridos, amistades y familiares puedan estar sintiendo en momentos como éste. Y aunque podría hablar de lo maravilloso que él ha sido como esposo, padre, amigo, compañero de trabajo, maestro para sus alumnos como docente, al igual de como ser humano con quien quiera que la vida pusiese en su camino, me gustaría compartir un poco sobre las conversaciones que él y yo teníamos muy a menudo, que estoy seguro de que eso sería algo que Eduardo quisiera que se compartiese con aquellas personas, que quizás, no supiesen cómo llevar una experiencia como ésta.
>
> Amor es nuestra Esencia y eso es algo que Eduardo tenía muy claro. Todos estamos aquí para recordar nuestra Esencia y no para dejarnos distraer por las apariencias, que en este caso, sería nuestro "cuerpo físico".
>
> Generalmente, en las lápidas se ponen las palabras 'descanse en paz', sin saber que esas palabras no van dirigidas a una persona cuando deja la existencia humana, sino que es una manera de vivir, y eso fue lo que Eduardo aprendió.
>
> Cuando tomamos conciencia de que nuestra Esencia es Eso que nos vive, y que, a su vez, trasciende el cuerpo, es imposible perder

a alguien. El cuerpo se deja a un lado, pero la Esencia permanece. Si creemos que porque Eduardo haya dejado ese 'cuerpo' a un lado no está presente con nosotros ¡ahora mismo! simplemente estamos distraídos.

De la misma manera que ahora mismo un ser querido no esté presente, y cuando hablo presente, hablo de que quizás está en la casa, u otro país lejos de nosotros, no difiere de lo que está teniendo lugar con nuestro querido hermano Eduardo.

Sólo que, en este caso, cuando nosotros dejamos nuestro cuerpo a un lado y retornamos a nuestra Esencia, que es Amor puro, sin límites, nos damos cuenta de que nadie se ha 'ido'. En este caso, de que Eduardo nunca se ha 'ido'. Simplemente está ahora mas cercano a nosotros. El cuerpo nos limita, dado que es una apariencia que nos hace creer que estamos 'separados' los unos de los otros.

Es como el aire que todos compartimos. Ese mismo aire que tú respiras y que yo respiro, independientemente de cuán distante estemos, es el mismo. Pero si agarro de ese aire e inflo un globo amarillo y luego agarro de ese mismo aire e inflo otro globo verde, me identifico con los globos y lo que percibo son dos cosas 'separadas'. Me aferro a los globos, y cuando uno, o los dos globos explotan creo que he 'perdido' algo, cuando lo que en realidad ha tenido lugar es que el aire se ha liberado y ha vuelto a formar parte del aire universal.

Todos somos ese aire, todos somos ese amor en Esencia. Eduardo no es el globo, es el aire. No es la oruga, es la mariposa. No es un 'cuerpo', es amor puro. Aunque en estos momentos podamos sentir el dolor de la pérdida de nuestro hermano Eduardo, sin duda alguna, si él pudiese hablar con todos y cada uno de nosotros, que, por cierto, lo está haciendo a través de estas palabras, solo que muchos creerán que surgen de 'mí', con una sonrisa y una paz inquebrantable nos diría:

'Por favor, no se crean que yo soy ese 'cuerpo' que creen ha dejado de 'existir'. Lo único que es real es la Esencia, el Amor del cual todos somos parte. Si no pierden eso de vista, se darán cuenta de que no me he 'ido' a ningún lado, pues no hay ningún 'lugar' a donde pueda 'ir'.

Cuando piensen en mí ¡ahí estoy! ¡Tal como siempre estuve, y como siempre estaré!

Y cuando llegue el momento de que ustedes suelten ese disfraz con el que se han identificado, se darán cuenta de que nunca dejaron de ser lo que siempre han sido; puro Amor, pura dicha, pura paz, pura felicidad. Eso es lo que Soy y, gracias a Dios, liberado estoy.'"

     Dedicatoria a Eduardo Mayordomo de la Fuente

La Cara del Amor

Aunque no pueda ver tu cara
siento que siempre estás conmigo.
Si me encuentro solo o perdido
tu presencia me brinda alivio.

Sé que no existen palabras
para explicar lo que contigo siento.
Pero en el sol veo tu mirada
y tus palabras las trae el viento.

Te busqué en muchos libros
pasando así tu mensaje por alto,
mas cuando permanezco en silencio
lo que me dices es imposible ignorarlo.

Creí haber sido yo
quien tenía que ir a buscarte,
cuando en mí siempre estuviste esperando
el momento en que pudieses revelarte.

Y así yo darme cuenta
de la más grande ironía:
que esa cara que en ti no veía
es porque en realidad era la mía.

-Nick Arandes

Prefacio

Después de más de seis años impartiendo charlas a través del mundo, habiendo sido invitado a múltiples programas de televisión y entrevistas de radio, la vida me empezó a llevar a un espacio más introspectivo, de manera que pudiese reflexionar e integrar todo lo que había estado compartiendo. Ya para el año 2017 el deseo por continuar viajando e impartir charlas estaba disminuyendo, hasta el punto de que solo quería estar en un lugar y permanecer más en silencio.

Los años 2017 y 2018 fueron muy significativos. Además de haber vivido una relación íntima, como mencioné en la sección de agradecimiento, que duró poco más de un año y tres meses, y de haber tenido la experiencia de compartir un entorno familiar, tuve la fortuna de poder vivir de mis ahorros, lo cual me brindó el espacio para afrontar los cambios para los que estaba listo. Heridas, memorias, miedos inconscientes comenzaron a surgir para ser vistos, por primera vez, desde un espacio muy consciente. Mi estado de salud estaba en una constante fluctuación. No tenía claro lo que quería hacer con mi vida.

A principios de 2019, afrontando experiencias muy dolorosas, de forma muy natural empezó a surgir una comprensión que le dio total sentido a mi vida. A veces, en medio de la noche, otras veces muy temprano en la madrugada, o, quizás, esporádicamente durante el día, me surgían inspiraciones, las cuales terminaba poniendo por escrito. Esas reflexiones me ayudaban a expresar lo que estaba empezando a integrar y a enseñarme a reconocer que mi deseo más profundo es amar. Pero para que ese deseo tuviese lugar, tenía que estar dispuesto a mirar los obstáculos que han sido interpuestos, consciente o inconscientemente, ante ese amor. Tengo muy claro que no hay más nada que buscar ni que hacer, sino que mirar. ¿Mirar que? Todo lo que en un pasado no quise mirar por miedo a sentir la vida. Ahora, que estoy preparado para sentirla, es que puedo amar.

Y cuando hablo de amar, no estoy hablando de amar lo que me gusta. Estoy hablando de amarlo ¡todo! Porque el amor ¡no rechaza nada! El amor acoge toda experiencia, todo sentimiento, todo pensamiento. Y si lo que soy es amor, solo puedo experimentarlo en aceptación total de todo lo que es. Por consiguiente, estoy dispuesto y abierto a amar, inclusive la posibilidad de perderlo todo: dinero, salud, relación, cualquier posesión material, etc. ¿Para qué? Para que, por experiencia directa, solo pueda vivirme en amor. ¿No sería ese el regalo mas preciado que puede uno experimentar? ¿Sentirse enamorado de todo en este instante (el único que hay)?

¿Estás abierto a que juntos exploremos la posibilidad de experimentar ese amor incondicional que nos une en todo momento? De ser así, en este libro que la vida, por utilizar una palabra, te ha inspirado a leer comparto todas esas reflexiones. No para que ames, sino para que te des cuenta de que eres ese amor que tanto se busca.

Introducción

En un principio, cuando decía que quería soltar esa no era la realidad. La razón es porque todavía deseaba el mundo. Lo que quiero decir es que, por un lado, decía, *"quiero soltar esto..."*, mientras que por el otro decía *"no quiero soltar esto otro"*. En otras palabras, si deseo una cosa del mundo, sea lo que sea, deseo *el mundo entero*. Esto da miedo, solo en el sentido de si se percibe el soltar el mundo como una pérdida, como un sacrificio. No obstante, cuando se es consciente de que soltar el mundo no implica pérdida, sino liberación, el soltar ocurrirá automáticamente. ¿Pues quién, en su sano juicio, querría mantenerse encadenado?

Pero el mundo es muy atractivo y el deseo por él está muy arraigado en el ser humano porque le da al individuo un sentido de identidad personal, le da un propósito. Si para ese "individuo" el mundo no tuviese sentido no tendría razón para vivir y, por consiguiente, buscaría la manera de dejar de existir. Para un "individuo", para un "yo", por etiquetarlo de otra manera, que no puede más con el dolor, el suicidio sería la manera más directa y rápida de dejar a un lado esta experiencia física. Para uno que todavía tolera el dolor, que sería la gran mayoría de los seres humanos, él suicidio es más lento: drogas, entretenimiento, alcohol en exceso, trabajo, juguetes, metas, todo lo que le distraiga para no tener que enfrentarse a su propio dolor.

Pero para todo aquel que está listo, ya que la vida lo ha decidido así, hay un punto de inflexión en el que el dolor y el sufrimiento lo llevan a rendirse. No sabe qué quiere hacer con su vida. No intenta siquiera buscarle sentido. Lo único que desea es paz interior. Ese deseo profundo lo lleva a observar la vida en vez de intentar controlarla. Ya le da igual lo que esté teniendo lugar, aun si lo pierde todo. En cierta manera está "muriendo". Pero no es el cuerpo lo que está "muriendo". Es su sentido de identidad "individual".

Esa identidad que intentaba sostener buscando su fuente en el mundo (dinero, estatus, pareja, "ayudar a otros", etc.), ahora se suelta y se descansa. En ese descanso observa cómo la vida le provee de todo lo que necesita.

Al darse cuenta, no por teoría, sino por experiencia personal, de que el mundo lo sostiene, se rinde completamente y cada vez más confía en cómo la vida le va moviendo, nunca perdiendo de vista lo único que de verdad es importante: *su paz interior*. Ahora soltar se le facilita más. Paradójicamente, su vida cobra un nuevo sentido. Su nuevo propósito es amar, es aceptar, es perdonar. Y está dispuesto a mirar todas sus sombras, ya que, aunque duela, se queda atendiendo todo lo que surge: sentimientos dolorosos, memorias; se abre totalmente, se deja desbaratar emocionalmente sin esconder nada para que pueda más y más tomar conciencia de su naturaleza como amor, como paz, como felicidad.

Mientras tanto, si la vida lo pone a ayudar a otros, lo ve como un efecto natural que surge del amor que hay en él y no como algo que él "hace" para darle sentido a su vida. Si se supone que deba escribir libros o dar charlas, lo hace, y lo ve como un efecto natural de sentirse conectado con su paz interior, no con la intención de recibir crédito o hacerse famoso ni buscar seguidores. Si compone música lo ve como la inspiración que surge a raíz de la rendición total a lo que la vida depara y la comparte sin intención de halagos ni de hacer nada especial de ello.

Todo lo que hace tiene lugar a raíz de reconocerse como un instrumento de la vida, no como alguien que cree "saber" nada ni que se cree "mejor" que nadie.

Este no es un escrito sobre un personaje imaginado. Esta es mi experiencia de vida.

-Nick Arandes (2019)

La Atracción Es Para Unirse a Dios, No a "Otro"

Al sentirnos separados y carentes intentamos encontrar a Dios para que pueda restaurarse nuestra naturaleza plena y abundante y lo hacemos buscándolo "afuera". Eso tiene la forma de una atracción. Cuando esa atracción se distorsiona añadiéndosele fantasías e historias, ese impulso de "unión" se convierte en un obstáculo y con lo que nos topamos es con el miedo. Vamos, entonces, a explorar juntos esta dinámica.

Hablando en primera persona, digamos que me siento atraído hacia una mujer. La creencia fundamental dice: "esa chica me gusta, quiero hacerla mía, estoy 'enamorado', la deseo tanto que no puedo vivir sin ella, quiero casarme con ella y tener una familia…". Todo lo que está ocurriendo es que estoy proyectándole a esa mujer mi carencia emocional. Si ella se siente de la misma manera proyecta toda su carencia emocional en mí y aparenta como que encontramos la "felicidad" o, como dicen por ahí, "mi alma gemela", hasta que ella se canse de que yo deje la tapa del inodoro abierta (jejeje).

Continuando…, hacemos planes juntos, seguimos fantaseando juntos, queremos construir un futuro juntos en lo cual no hay nada malo. Eso es perfecto y muy bonito en una familia. Pero a lo que voy es a que, cuando no se es consciente de la dinámica del ego, aunque en la superficie se vea muy "bonito", su contrapartida está escondida. ¿Cuál es esa contrapartida? Que detrás de ese deseo por poseerla, por hacerla mía, por seguir alimentando la fantasía de que ella puede hacerme sentir de alguna manera, está el terror de que ahora pueda perder eso que he convertido en mi fuente, eso que he endiosado.

Ahora en esa relación tan "amorosa" entran las condiciones y los límites. Tú tienes que comportarte de cierta manera, tienes que ser "fiel" a mí, tienes que hacer lo que sea necesario para hacerme sentir complacido, etc.., y tengo que hacer lo mismo por ti. Eso, obviamente, va a generar, tarde o temprano, resentimiento porque las cadenas, las condiciones que estoy poniendo sobre ti, las estoy poniendo sobre mí, y, por consiguiente, estoy perdiendo mi propia libertad.

Como podemos ver, esa atracción original, que no significaba nada, al llenársele de contenido y de creencias, pierde de vista su propósito original, el cual es recordar a Dios, no hacer un dios del "otro". Si a esa atracción se le permite Ser, vacía de expectativas, vacía de fantasías, vacía de condiciones, vacía de creencias, se puede generar un espacio en el que puede haber un intercambio de amor puro en el que juntos, como compañeros de camino, pueden disfrutar el viaje de regreso al Amor. Y no tienen ni siquiera que entrar en una relación de pareja solo porque hubo atracción. Continuemos mirando, que esto se pone bueno.

Lo que voy a compartir ahora puede aparentar ser muy radical. Un hombre o una mujer pueden sentir una atracción, él hacia otro hombre y ella hacia otra mujer, sin tener que ser homosexual. ¿Por qué? Porque la atracción la generó la vida misma para que esos dos seres se encuentren de manera que pueda haber un intercambio que favorezca el reconocimiento de la Verdad en cada uno. Aquí no se está hablando de derivar un placer físico, sino de la atracción que la Fuente siente hacia Sí Misma. Y todos somos parte de, o mejor dicho, somos esa Fuente. De nuevo, lo que distorsiona ese impulso natural que está teniendo lugar son las creencias que tenemos alrededor de esos impulsos. Porque, una vez más, se nos olvida que no existen hombres ni mujeres "separados". Solo existe una sola esencia (Amor), que constantemente desea unirse a sí misma.

Cuando se vacía la mente de contenido, de creencias, es hermoso ver cómo la vida fluye sin temerle a ninguno de los sentimientos ni sensaciones que surgen. Por lo tanto, no hay que temerle a la atracción, sino observar muy conscientemente qué es lo que esa atracción me quiere decir.

Y lo que esa atracción me dice, mientras miro a eso a lo que me siento atraído, es: *"cuánta belleza, cuánto amor, cuánta dulzura hay en mí, gracias por reflejármela"*.

Como resultado de esta nueva mirada no temeré sentirme atraído a nadie porque todo lo que me está mostrando el mundo a través de cada una de sus partes, que forman parte de mí, es toda la belleza que hay en mí. Obviamente, todo aquello que rechazo también está mostrando lo que rechazo de mí. Solo que el tema que estamos abordando aquí es la atracción.

Así que, ¿sientes una atracción hacia "alguien", hombre o mujer? Despójala de toda creencia y celebra tu propia belleza que esa "persona", por la que te sientes atraído, te está mostrando, y continúas tu camino. No tienes que ir en busca ni en pos de esa persona. Solo disfruta de esa atracción que sentiste, así como de tu deseo profundo de unirte a tu Ser, a Dios, a Ti Mismo. Si se supone que esa persona tenga que formar parte de tu vida en algún nivel, la vida misma se encargará de que ese encuentro tenga lugar.

Solo Existe el Amor

Si solo existe el amor no puede haber otra cosa. En ese sentido, cuando se experimenta miedo es porque tiene que haber un error de percepción. Tiene que haber una interpretación personal y, por consiguiente, equivocada. Entonces, cuando hay miedo lo primero que se puede hacer es rendirse al momento presente, respirar profundamente para que se abra un espacio en el que se pueda observar la historia que la mente ha fabricado y reconocer, aunque sea intelectualmente, que esa historia, sea cual sea, es falsa.

Ahora se adentra uno en el silencio, sintiendo esa herida profunda con una mente abierta, con una mente receptiva. Así es como se tiene acceso a la parte de la mente cuerda que puede reinterpretar y deshacer lo que a nivel inconsciente la mente errada había fabricado. De ese modo, la paz es restaurada. Eso es todo lo que el perdón hace. Que por eso es que se nos dice: *"El perdón, en cambio, es tranquilo y sosegado, y no hace nada […] Simplemente observa, espera y no juzga."* W-pII.1.4:1-3 (UCDM).

Esto no tiene ninguna ciencia. Es extremadamente simple. Por eso, *Un Curso de Milagros* dice: *"Tú que piensas que este curso es demasiado difícil de aprender, déjame repetirte que para alcanzar una meta **tienes que proceder en dirección a ella**. Y todo camino que vaya en dirección contraria te impedirá avanzar hacia la meta que te has propuesto alcanzar. Si esto fuese difícil de entender, entonces sería imposible aprender este curso. Mas sólo en ese caso. Pues, de lo contrario, **este curso es la simple enseñanza de lo obvio**."* T-31.IV.7:3-7

¿Cuál es la meta a la que te tienes que dirigir? Al deseo profundo por la paz. Por eso es que el Curso es simple. Porque cuando solo se desea la paz *¡no hay que hacer nada!* Sin embargo, ¿por qué se experimenta tan difícil hacer este trabajo? Por los sentimientos y sensaciones que se generan en el proceso. El ser humano, cuando siente dolor, todo lo que quiere es deshacerse de él. Y es perfectamente lógico, ¿pues quién quisiera experimentar dolor? Pero el dolor, al igual que el placer, han sido diseñados para que la mente traiga toda su atención al cuerpo. Cuando la atención está enfocada en el cuerpo, la mente, inmediatamente, se identifica con el cuerpo como si esa fuese su realidad.

Cuando el deseo por la paz se va asentando más en la mente, las sensaciones físicas continuarán siendo experimentadas, pero hay una comprensión que se integra, a través de la cual se van erradicando las historias que se le adhieren a esos sentimientos y ahora la experiencia, sea cual sea, se experimenta libre de sufrimiento. La mente puede ser más consciente ahora de su esencia como mente observadora, por lo cual el cuerpo deja de ser distracción. En ese sentido el mundo deja de ser distracción.

La mente está ahora siendo preparada para soltar el apego al mundo. Este puede ser un proceso muy delicado e incómodo; en ocasiones doloroso. Porque, aunque por un lado se reconoce el sufrimiento que genera el apego al mundo, por el otro todavía no está firmemente establecido el deseo por soltarlo, dado el condicionamiento inconsciente que todavía rige una parte de la mente. En otras palabras, cuando el ego está siendo amenazado hace todo lo posible por evitar su muerte. Durante este periodo solo se puede ser firme y agarrarse de la Mano de Aquel que hemos elegido como nuestro Guía, llámesele Mente Recta, Mente Cuerda, Divinidad, Esencia, Luz Interior, Espíritu Santo, Cristo, Dios, Amor, etc.

Por eso es que *Un Curso de Milagros* nos dice: *"Trataremos ahora nuevamente de llegar a la luz en ti, que es donde realmente se encuentra tu salvación [...] Recuerda que tienes que atravesar las nubes antes de poder llegar a la luz."* W-pI.70.8:1-5. La Biblia describe este proceso de atravesar el miedo de la siguiente manera: *"porque estrecha es la puerta y angosta la senda que lleva a la vida, y pocos son los que la hallan."* [Mateo 7:14].

La buena noticia es que cuando ese periodo se ha atravesado seguimos viviendo en el mundo disfrutando de todas las experiencias que el mundo nos ofrece, solo que libre de todo apego, pues ya se sabe intuitivamente que el mundo no tiene nada de valor que ofrecer mientras la mente, llena de dicha, descansa en su paz interna. El ego, que carece de comprensión, escucha estas palabras y dice: *"si el mundo no tiene nada de valor que desee, si no tiene sentido estar aquí, entonces me deprimo, mejor me suicido"*. Pero es todo lo contrario. Cuando no hay apego, dado que la mente descansa en un espacio de comprensión, de amor propio, de perfecta cordura, es como ir al cine, disfrutar plenamente de la película, con todas sus diferentes escenas, experimentando todas las diferentes sensaciones, sabiendo que es una película y cuando se acaba lo que queda es el disfrute de haberla visto. No hay apego a la película, no hay deseo de que continúe. Solo fue una experiencia que, de ninguna manera, afecta a la vida que es nuestra verdadera esencia, que ha estado presente antes de ir al cine,

     Solo Existe el Amor

durante la película, y después de salir de él.

Es como decir que cuando se es consciente del amor, de la paz en nuestro interior, todos los detalles que tienen lugar en este mundo son insignificantes. Y de nuevo, mientras continuamos teniendo la experiencia de vivir aquí, por qué privarse uno del disfrute de la experiencia, si es solo eso, una experiencia, no una "realidad". Pero para que esa comprensión tenga lugar, hay que mirar los obstáculos que se han interpuesto ante ella. Y esa es la parte incómoda. Por eso es que hay que tener una intención muy clara, la cual es que la paz sea lo más importante para mí. Y luego, mirar los obstáculos que surgen con esa intención. De ahí en adelante, el Espíritu, la Luz interior, la Mente Cuerda, Dios, como se le quiera llamar, hace Su trabajo sin interrupción. Y este proceso requiere confianza. *¡Es una entrega total!* Entonces se da uno cuenta de que no existe nada más: solo el amor que desea expresarse en cada instante. Y esa es la manera natural de vivir. No requiere esfuerzo.

El esfuerzo se requiere para sostener nuestras creencias. Y hasta que no se dé uno cuenta del precio que paga por ello, las seguirá sosteniendo hasta que no pueda más. Y es por eso que el Espíritu a través de *Un Curso de Milagros* me dice: *"Si quieres ser como yo, te ayudaré, pues sé que somos iguales. Si quieres ser diferente, aguardaré **hasta que cambies de parecer.**"* T-8.IV.6:3-4.

En otras palabras, *es cuestión de tiempo*. Porque la cruz se puede cargar, pero no por siempre. Su peso nos lleva, tarde o temprano, a querer soltarla. Como muy bien nos dice el Curso, *"La resistencia al dolor puede ser grande, **pero no es ilimitada**. A la larga, todo el mundo empieza a reconocer, por muy vagamente que sea, que tiene que haber un camino mejor."* T-2.III.3:5-6.

En resumidas cuentas, ¿qué es lo que deseo? La paz interior. ¿Qué necesito hacer ahora para que la misma sea restaurada en la mente? Permitirme sentir lo que surja, permitir que lo que tenga que salir a la superficie me atraviese, manteniendo firme las siguientes palabras: *"no conozco el significado de nada, incluido esto. No sé, por lo tanto, cómo responder a ello. **No me valdré de lo que he aprendido en el pasado** para que me sirva de guía ahora,"* T-14.XI.6:7 (UCDM). En otras palabras, soltar toda interpretación, abriéndome completamente a este momento, con todo lo que surge, con todo lo que acontece, con todo lo que se siente y confiar en el proceso. La luz está ahí, siempre ha estado, y siempre estará. Pues el amor es lo único que existe. El resto son escenarios de ese mismo amor, solo que mal interpretados.

Solo Existe el Amor

Las Opiniones, Generalmente, Sobran

Una de las características de mi personaje es que siempre se sentía impulsado a ofrecer su opinión. No me preguntes por qué; esto siempre ha sido así. Según he ido rindiéndome al amor, algo que he observado es que mi deseo por opinar se ha ido desvaneciendo. Todavía se cuela, pero me hago más consciente de ello.

Mirando en retrospectiva, en un principio, el impulso por opinar surgía de la rabia o de algún deseo profundo por sentirme escuchado y valorado. Luego, el deseo de opinar empezó a emerger como un deseo profundo de ayudar. El problema en cada caso es que mi opinión está basada en mis interpretaciones, lo cual no significa que las mismas sean correctas, pues la verdad es que si yo procesase las cosas a través de los filtros de mi hermano podría darme cuenta de cómo su opinión es tan válida como lo sería la mía.

En ese sentido, para que mi opinión fuese la "correcta" tendría que ser una en la que universalmente todos estemos de acuerdo. Y, de nuevo, cuando esa opinión está basada en mis interpretaciones intelectuales siempre va a haber un desacuerdo.

Otra cosa que me gustaría mencionar es que cuando se ofrece una opinión, generalmente, parte del punto de vista que dice "yo sé algo". Es por eso que, cuando se me hacen preguntas podrán observar que nunca me he sentido inclinado a elegir la palabra "respuesta", sino que, más bien, elijo la palabra "comentario". También hago hincapié en no ser ningún maestro, facilitador, ni una figura de autoridad que cree saber. Simplemente, confío en que si la conciencia ha dirigido una pregunta hacia el personaje Nick, será porque mi comentario hacia ella es, en realidad, el comentario que me hago a mí mismo para ver dónde me encuentro en función de la comprensión y del entendimiento que se produzca, sabiendo que es a mí a quien me contesto.

¿Implica esto que ofrecer una opinión es incorrecto o inapropiado? No siento que sea así. En ocasiones, una opinión, sobre todo cuando se nos la pide sin necesidad de ofrecerla voluntariamente, puede ser muy valiosa. En mi experiencia, no obstante, lo que cada vez sigo observando, según mi deseo profundo por la paz y por el amor continúa restaurándose, y antes de ofrecer una opinión, si es que me la piden, es hacerme la siguiente pregunta: *¿esto que voy a compartir me une a mi hermano o bien me separa de él?* Si siento en mi corazón que esa opinión podría, de alguna forma, separarme de mi hermano, lo mejor es reservármela. Si, por el contrario, siento en mi corazón que esa opinión puede aportar algo que nos una, me doy la oportunidad de expresarla, siempre recordándole a mi hermano que es, simplemente, un punto de vista, lo cual no implica que sea más "correcto" que el suyo. Es, simplemente, una manera de ver que, quizá, él habría pasado algo por alto, y que si siente que ese punto de vista le sirve, que haga lo que se sienta más inclinado a hacer.

En resumen, cuanto más profundizo en el amor, me voy sintiendo más inclinado a, en vez de ofrecer opiniones o, inclusive, puntos de vista *no solicitados*, observar la película que se despliega a mi alrededor, como cuando uno va al cine y disfruta la película sin necesidad de ofrecer su punto de vista a nadie en la pantalla, ya que eso sería completamente absurdo. Inclusive si supieses que el mundo es un espejo y que todo aquel con el que te encuentras es contigo mismo ¿intentarías ofrecer una opinión? Obviamente, no. Todo lo contrario, quizás escucharías más atentamente, ya que ese hermano (espejo, reflejo de ti) siempre te va a hablar sobre algo que necesitas saber sobre ti.

No estoy insinuando que haya perfeccionado mi deseo de no ofrecer una opinión, pues según mi condicionamiento la conciencia a través de mí expresará lo que tenga que expresar. Pero si me encuentro opinando no me juzgo por ello. Simplemente confío en que, siendo la voluntad de la Conciencia la que se hace a través de mí, no hay nada que pueda hacer al respecto.

Aun así, sigo observado que mientras el perdón se sigue asentando en la mente el personaje Nick se va sintiendo más atraído hacia el silencio, en el que las opiniones sobran, en donde lo que hay es un deseo profundo por la paz, un deseo profundo por amar, en donde se va asentando, más y más, la comprensión; en donde lo que se desea, más bien, es unión.

El Único Deseo, Y El Más Profundo, Es Amarlo Todo

No deseo nada más ni nada menos. Ese es el motor que me inspira a hacer lo que sea que me encuentre haciendo en todo momento. La gente constantemente pregunta: *"¿qué puedo hacer para que mi vida cambie?"*. Mi única respuesta es: amar. *"¿Pero si amo y la vida no cambia?"*. Entonces no estoy amando, sino que estoy manipulando.

Cuando la mente está libre de conceptos no rechaza nada y eso es amar. Mi experiencia continúa siendo que cuando amo lo que tengo enfrente la vida se simplifica. Porque la vida es un movimiento y cuando cada movimiento es aceptado el amor está siempre presente. Solo cuando me encuentro rechazando algún movimiento, consciente o inconscientemente, lo que estoy diciendo es: *"Dios se ha equivocado"*.

Cada escenario, cada situación, cada sensación, cada experiencia, sirve a un único propósito, el cual es ayudarme a recordar que mi esencia es ese espacio inmutable que lo acoge *todo*. Solo cuando juzgo alguna de mis experiencias paso por alto la esencia y me identifico con un aspecto diminuto de la Totalidad. Eso es lo que da lugar, o mejor dicho, lo que sostiene la creencia en una separación. Y entender esto no es suficiente. Es la experiencia que va teniendo lugar, según se va uno rindiendo a Lo Que Es en total aceptación, lo que demuestra que estas palabras tienen completo sentido.

Según la experiencia se va asentando, lo que se experimenta es un espacio de sosiego y de paz que, una vez más, solo puede tener lugar cuando se suelta el apego a que las cosas vayan de cierta manera o a que me sienta de cierta manera. Este camino se tendrá que recorrer tarde o temprano. Pero para alguien que todavía desea el mundo y sus placeres estas palabras son simplemente ignoradas, incluso ridiculizadas.

Así que, si hay algo que tengo claro es que no deseo nada del mundo, y, sin embargo, partiendo de esa premisa, el mundo se abre a mis pies, las puertas se abren de par en par y lo único que queda es el amor que dirige todos y cada uno de mis pasos.

No sé qué tendrá lugar en el próximo momento. Pero sí sé que es lo mejor que me pudiese ocurrir. Ya la vida deja de ser temible, amenazante y empieza a ser una aventura a través de la cual el Santo Hijo de Dios se reencuentra consigo mismo. Todos somos ese Santo

Hijo y todos, simplemente, queremos reconocernos como amor. Lo único que nuestro corazón anhela es amar y, por consiguiente, cuando se ama es que se experimenta lo que es ser amado.

No hay carencia, solo expansión. Pero para que esa experiencia pueda irse asentando hay que ser consciente de que abrirse al amor implica remover los obstáculos a él. Entonces, todo lo que no es amor saldrá a la superficie, no para ser juzgado, sino para ser perdonado. Cuando surgen expectativas de cómo las cosas deberían ser, los obstáculos se experimentan como muy dolorosos. Pero cuando ya hay una aceptación total, libre de expectativas, los obstáculos, simplemente, se observan como imágenes pasajeras, como sensaciones transitorias que se van liberando ante la luz de la Verdad. Y esa luz empieza a brillar cada vez más intensamente. Ese es el amor que ha estado siempre ahí buscando expresión.

Si alguien me pregunta qué he hecho para que esta comprensión vaya teniendo lugar en mi vida, la contestación es simple: *¡nada en lo absoluto!* Es, simplemente, lo que me está tocando vivir según el plan que la vida tiene para mí. Pero me atrevería a decir que, al ser todos parte de la misma mente, el que tú estés leyendo estas palabras puede ser un indicativo de que la vida, a través de ti, te está preparando para que puedas disfrutar de la experiencia de lo que es amar incondicionalmente.

De la misma manera que un compositor se siente inspirado a componer, un actor se sienten inspirado a actuar, un empresario se siente inspirado a montar una empresa, un piloto se siente inspirado a volar, comparto porque me siento inspirado a compartir. Y, cada vez más, me hago consciente de que mi deseo más profundo es amarlo todo.

La Búsqueda Del Placer: El Gancho Del "Demonio"

El ser humano se la pasa en una constante búsqueda del placer porque cree que el placer equivale a la felicidad. No hay nada incorrecto ni con el deseo ni con el placer. El problema es que cuando el placer se equipara con la felicidad, la felicidad verdadera, que es permanente y es lo que somos, pasa desapercibida. Esto ocurre porque la experiencia humana es una constante oscilación entre el placer y el dolor.

Por consiguiente, como la vida no es placer, placer, placer, placer…, es por eso que no se experimenta felicidad permanente. Sin embargo, cuando hablamos de felicidad, en este contexto, en realidad estamos hablando de paz interior. Una persona que está en paz es una persona que es verdaderamente feliz. Dado que la paz es lo que subyace a toda experiencia, el placer, al igual que el dolor, se aceptan en ese estado de paz. En otras palabras, el placer, al igual que el dolor, se aceptan en ese estado de felicidad. Y en ese sentido es que se puede dar uno cuenta de que se es feliz en todo momento, independientemente de los sentimientos y de las experiencias que van teniendo lugar.

Cuando esa comprensión se asienta, la búsqueda del placer se cae por su propio peso. Eso no implica que no se experimente placer, pero sí implica que ya no vamos en búsqueda de ello porque, al ser felices por el mero hecho de ser conscientes de la paz que mora en cada uno de nosotros, no hay razón para buscar ningún placer para sustituir ese estado de paz, de felicidad, en el que ya descansamos.

Ahora el placer se vive, se disfruta, no hay culpa, solo una expresión de las innumerables formas de expresión que la experiencia humana tiene. Solo que, esa expresión, al no endiosarla, no nos manipula. Cuando viene se vive y cuando se va se suelta. Y lo mismo con el dolor: cuando viene se vive y cuando se va se suelta.

A fin de cuentas los dos son lo mismo. Por eso *Un Curso de Milagros* me recuerda: *"El pecado oscila entre el dolor y el placer, y de nuevo al dolor. Pues cualquiera de esos testigos es el mismo, y solo tienen un mensaje: 'Te encuentras dentro de este cuerpo, y se te puede hacer daño. También puedes tener placer, pero el costo de este es el dolor'. A estos testigos se unen muchos más. Cada uno de ellos parece diferente porque tiene un nombre distinto, y así, parece responder a un sonido diferente. A excepción de esto, los testigos del pecado son todos iguales. Llámale dolor al placer, y dolerá. Llámale placer al dolor, y no sentirás el dolor que se oculta tras el placer. Los testigos del pecado no hacen sino cambiar de un término a otro, según uno de ellos ocupa el primer plano y el otro retrocede al segundo". T-27.VI.2:1-9.*

Las Preferencias Son Condicionamientos Aún No Perdonados

Este es un tema muy delicado y muy sutil. Es la idea de que está bien tener preferencias. Estoy de acuerdo con ello, salvo que se puede pasar por alto un pequeño detalle: lo que en realidad se está alimentando, en el trasfondo, es la creencia de que si esas preferencias tienen lugar, entonces podré ser "feliz".

Es propio del sistema de pensamiento del ego decir: *"lo importante es que no te apegues, pero sí es muy importante que tengas preferencias"*. ¿Por qué es el sistema de pensamiento del ego quien está diciendo esas palabras? Porque, aunque se disfrace como una sugerencia muy "espiritual", en realidad, sigue sosteniendo la creencia en un "yo" separado.

Así que, vamos a explorar juntos este tema. El personaje "yo" que me creo ser viene condicionado con unas preferencias básicas. Luego, a medida que va creciendo, aprende de la familia, de la escuela, de las instituciones religiosas, de la cultura, todo aquello que él cree que le gustaría obtener o experimentar para ser feliz. Y se pasa la vida en una interminable búsqueda de objetos, de experiencias, de logros, para que cuando los alcance, entonces, experimente su felicidad.

Después de llevar suficiente tiempo en el camino, quizás le llegue la comprensión de que nada de lo que obtenga en el mundo puede hacerle feliz; el sistema de pensamiento del ego se espiritualiza y se autoconvence de que uno no debe perseguir cosas del mundo que desee. Puede, entonces, entrar en negación de los deseos, en suprimir los deseos, y en un innumerable tipo de prácticas y creencias para creer que cuando no desee nada experimentaré ese estado de "iluminación", o como se le quiera llamar.

Una vez se da uno cuenta de que esa negación de los deseos y de las preferencias tampoco funciona, vuelve a traer la atención al mundo, solo que esta vez utiliza el concepto "preferencias" para decir que todavía desea el mundo, pero en términos más "amables". En otras palabras, dice: *"prefiero esto o prefiero lo otro"*. Y la vida, que es la que está a cargo de todo, nos pone en tesituras en las cuales esas preferencias no están presentes. Y aunque uno no se enganche en ir en pos de perseguir sus preferencias, porque quiere demostrar lo "avanzado" que está, no obstante, se encuentra rechazando la experiencia que la vida le pone enfrente.

Cuando la comprensión profunda de que mi único propósito es reconocer el amor en todo, aunque las preferencias puedan surgir, dado el condicionamiento de la mente, hay un espacio de aceptación total de Lo Que Es, en el cual las preferencias se caen y lo que queda es amar Lo Que Es. Y de lo que nos damos cuenta es de que si la vida nos vive, y somos parte de ella, no hay nada que se prefiera sobre la experiencia presente porque todo lo que está teniendo lugar es para enseñarnos a amarlo *todo*.

Este planteamiento puede generar interrogantes como: *"¿pero si estoy lleno de ira y me encuentro agarrando una pistola para matar a alguien!?* o *"¿si me están robando en la casa?"* o *"¡¿si estoy viendo las catástrofes del mundo?"*…, y la lista de preguntas es interminable.

Pero la respuesta no cambia. La respuesta sigue siendo: sólo deseo mirar esto con los ojos del amor. Ahí es cuando empieza a haber una apertura de corazón y todo escenario, luzca como luzca, tiene un propósito que trasciende cualquier preferencia. Ese propósito es recordarme el amor en cada momento. Y la acción que tenga que tener lugar en cada momento tendrá lugar, independientemente de nuestras preferencias, porque obedece a un plan que, aunque en un principio no podamos entender, está diseñado para retornarnos al amor.

Si ahora me preguntas cuáles son mis preferencias, después de todo lo que he estado viviendo, la respuesta es muy simple: aceptar todo lo que la vida me ponga enfrente, ya que si no rechazo nada, no voy a poder sino experimentar en todo momento que solo soy amor. Y después de haber compartido todo esto si, por alguna razón, parte de mi condicionamiento dicta que todavía surjan preferencias, simplemente, se honran recordando siempre que toda experiencia sirve para un único propósito: perdonar.

Es por eso que dije que este tema es muy delicado de tocar, dado que la sutileza con la que el ego puede interpretar estas palabras es para juzgarnos porque surjan preferencias. Por eso, me encanta cómo Un Curso de Milagros, muy amorosamente, me recuerda: *"He dicho repetidamente que el Espíritu Santo no quiere privarte de tus relaciones especiales* (deseos, preferencias), *sino transformarlas."* T-17.IV.3:4.

Las Separaciones Son Dolorosas Cuando No Hay Comprensión

Las separaciones, para efectos de este escrito, de relaciones de pareja se experimentan como dolorosas, simplemente, porque hay falta de comprensión. Así que, vamos a mirar juntos esta dinámica para que podamos ver lo que en realidad está detrás de todo ese movimiento.

El mundo es un espejo que constantemente refleja nuestro estado de conciencia. Nos sentimos atraídos por ciertas personas y, a su vez, rechazamos a otras. Cuando se es consciente de que el mundo está constantemente mostrándome todos y cada uno de los aspectos que forman parte de mí, entonces, una ruptura o una separación se puede vivir de una manera totalmente diferente.

Cuando me siento atraído hacia una persona es porque esa persona demuestra ciertos aspectos de mí que, por alguna razón, al no poder reconocerlos en mí se los proyecto a esa imagen por la cual me siento atraído. Y quiero estar con esa persona solo porque quiero seguir experimentando eso que hay en mí y que, cada vez que estoy con esa persona, se expresa.

En el momento en que esa persona se va de mi vida siento como que pierdo una parte de mí. Y es por eso que la ruptura se experimenta como dolorosa, porque todo lo que esa persona me brindaba, que en realidad no brindaba nada, simplemente, lo que estaba haciendo era despertar esos aspectos durmientes no reconocidos en mí y, de nuevo, al creer que esa persona me hacía sentir de alguna manera se experimenta como muy dolorosa su partida.

Antes de seguir profundizando, también miremos rápidamente su contrapartida. Todo eso que yo rechazo en el mundo, las personas que rechazo, las circunstancias que rechazo, también forman parte de eso que hay en mí, solo que, en este caso, al no querer mirarlos, al no querer reconocerlos, es que intento alejarme de ellos. Como podemos ver, para yo poder experimentar la totalidad de lo que soy, en otras palabras el amor que soy, la vida, a raíz de las relaciones, me brinda la oportunidad de abrazar eso que rechazo y de reconocer eso que los "otros" despiertan en mí.

Solo cuando se es consciente de dello es que se pueden utilizar las relaciones conscientemente para restaurar la plenitud en mí. Ese es el regalo que me ofrecen. Cuando conecto con esas partes de mí que yo creía que la relación me brindaba, en el momento de una separación, si es que eso tiene que tener lugar, no hay sensación de pérdida alguna. De la misma manera, todos esos aspectos rechazados en mí, que no quería ver y que la relación con el mundo me muestra, pueden ahora ser abrazados, de forma que pueda ser restaurado el amor en mí que soy.

Es por eso que es muy importante, en mi experiencia, establecer desde un principio cuál es el propósito de cada relación. Si el propósito es derivar placer o seguir sosteniendo la creencia de que esa persona me da algo que no tengo, como la famosa frase de la película de Jerry Maguire donde él le decía a ella: *"tú me completas"*, el sufrimiento, el dolor, en otras palabras, el drama, formará parte del núcleo de esa relación. Y, si por la razón que fuese, hay una separación, una ruptura, se experimentará como extremadamente dolorosa.

Así que, aprovechemos el regalo, aunque en ocasiones aparente ser muy doloroso, que las relaciones nos ofrecen para mirar en nosotros y reconocer todo eso que creemos que la "otra" persona me brinda. En ese sentido, su felicidad, en realidad, es mi felicidad; su sentido del humor, en realidad, es mi sentido del humor; su comprensión, su claridad, su lucidez es mi comprensión, es mi claridad, es mi lucidez. De la misma manera, los aspectos que no me gusten de esa persona, que forman parte de las áreas en mí que he negado y rechazado, ahora las puedo empezar a abrazar para poder sanar.

Con ese propósito claramente establecido las relaciones tienen sentido, son muy sanadoras, y son el mejor regalo que la vida nos ofrece. La vida nos ofrece las relaciones para estar en contacto y conocernos a nosotros mismos.

Solo Hago Lo Que Me Apetece

Es curioso cómo una afirmación como esa, *"sólo hago lo que me apetece"*, puede ser interpretada como un acto egoísta. No obstante, si entendemos lo que implica es, en realidad, el acto más amoroso que se puede hacer en cada momento.

Vamos a diseccionar esa afirmación para podernos dar cuenta de que habla de un nivel ajeno al de la experiencia física. Al no ser los hacedores de nuestra experiencia, eso implica que hacer lo que me apetece tiene que ver con la Voluntad Suprema, con la Voluntad de la Totalidad, con la Voluntad de Dios. Y, creámoslo o no, en todo momento, como es la Voluntad Divina la que está teniendo lugar, lo que el personaje "yo" haga es lo que "Me apetece". Pero, de nuevo, prestemos mucha atención; no estoy hablando de que lo que se hace le apetece al "yo" (personaje). Estoy hablando de que lo que se hace es lo que Le apetece al Yo como Conciencia.

Cuando uno empieza a tomar conciencia de que la vida sucede a pesar de "mí", un cambio interno empieza a tener lugar, en el cual la mente va soltando los conceptos que la llevan a resistir cada experiencia presente. Se abre un espacio de confianza en el que, aunque aparenta en la superficie que el personaje "yo" pueda desear cosas o moverse en una dirección u otra, simultáneamente, sabe que la vida se está viviendo a través de él. ¿Qué implica esto? Que uno observa lo que se siente inclinado a hacer en cada instante y, en vez de luchar contra ello, se rinde a ello. Se puede así observar cómo el personaje "yo" fluye con la vida sin resistirla.

Con esa nueva comprensión integrada, cuando se experimenta alguna resistencia al momento presente, cuando sale un *"no quiero esto"*, *"esto no 'debería' ser así"* o *"esto 'debería' ser de otra manera"*, al haber una aceptación de Lo Que Es, podemos ver cómo la vida se hace más simple.

Esto me recuerda las siguientes palabras de Ramesh Balsekar: *"La vida puede ser bastante bonita si no luchas contra ella"*. Porque, de nuevo, al estar siendo la voluntad de la Totalidad expresándose a través de "mí", si dejo de identificarme con este "yo" separado y empiezo a ser consciente de que lo que realmente Soy es el Yo universal, siempre Estoy haciendo lo que a Mí (letra mayúscula) Me apetece.

Por ejemplo, ahora mismo Me apetece escribir. No es a "mí" (Nick Arandes) al que le apetece escribir. Es a Mí como Totalidad a la que le apetece escribir. Si llevamos esa comprensión a todos y cada uno de los escenarios de nuestra vida, cuán simple y amable se transforma la vida. No habría miedo al cambio. Todo lo contrario. Se aceptaría con una actitud de curiosidad y entusiasmo porque lo que sea que esté teniendo lugar, a un nivel más profundo sé que es lo que de corazón Me (letra mayúscula) apetece hacer. Donde quiera que esté, sé de corazón que es donde Me apetece estar. Con quien quiera que esté, sé de corazón que es con quien Me apetece estar. Pero para que esa comprensión pueda asentarse tiene que haber confianza plena en la vida. Si no hay confianza, toda experiencia de cambio puede generar ansiedad, miedo, sufrimiento, porque el ego, que constantemente se experimenta amenazado, quiere controlar la vida.

Hacer lo que Me apetece implica también no querer estar en un lugar y, si tengo la opción de no estar ahí, poder irme sin ningún sentimiento de culpa. Abordándolo desde esa idea de "egoísmo", digamos que tu familia te invita a cenar. No los has visto en 3 años. Sin embargo, tu sentir más profundo no se siente con ánimos de ir. No obstante, el condicionamiento te dice: *"si los amas 'deberías' ir"*, o *"qué egoísta eres, solo estás pensando en ti mismo"*, etc.; si lo que sucede es que terminas yendo, lo harás, pero resentido. Y tu compañía, no solo no es beneficiosa para el entorno, sino que también afecta a tu bienestar. Y en eso es en lo que se basa la creencia de que el sacrificio es algo "bueno" o "sagrado", lo cual, mirándolo desde una perspectiva más amplia, se puede ver que es totalmente opuesto a la realidad. La realidad es que el verdadero amor no requiere sacrificio. Volviendo al ejemplo, lo más amoroso es hacer lo que Te apetece, que para efectos de ese ejemplo, podría ser decir: *"gracias por la invitación, y me encantaría compartir con ustedes, pero me encuentro en un espacio que necesito atenderme y, honestamente, no sería una muy buena compañía."* *¡Eso es amor!* Eso es hacer lo que Te apetece. Y requiere mucha valentía, en un principio, porque el condicionamiento está tan y tan arraigado que uno deriva su sentido de identidad en función de cómo creemos que los "demás" nos ven.

Si creemos que ellos nos ven como una persona "buena", hacemos cosas a pesar de nuestro más profundo deseo, para "complacer". Así, seguimos sosteniendo esa imagen de nosotros, aun cuando eso solo genera resentimiento. Resentimiento, primero hacia uno mismo, que luego se le proyecta al "otro". Porque, si en un futuro el otro no puede complacernos, ahí es donde sale el *"y después de lo que yo he hecho por ti… bla, bla, bla"*.

     Solo Hago Lo Que Me Apetece

Después de lo que acabo de compartir surge la gran paradoja: si "yo" estoy siendo vivido, entonces no puedo "elegir" hacer lo que me apetece o no dejar de hacer lo que no me apetece. Porque eso se va a hacer sí o sí, independiente de mí como persona. Sin embargo, en este juego de escondite en el que aparenta haber un "mundo", en el que aparenta haber un "yo", un "tú", un "ellos", etc., aparenta como que la mente juega este juego consigo misma para recordarse a sí misma que su realidad es Amor.

Por consiguiente, aparenta como que se proyectan enseñanzas, prácticas, comunicadores, recursos, para que aparenten servir de ayuda a un "yo", de manera que pueda conscientemente recordar ese amor que Es. Observemos cómo utilicé la palabra "aparenta" tantas veces. Porque si la separación de la conciencia nunca ha tenido lugar, este juego de escondite es, simplemente, una proyección. Como decía Ramana Maharshi: *"No hay creación, no hay destrucción, no hay camino, no hay meta…"*. O como dice Un curso de milagros, *"Nada irreal* (esta experiencia física) *existe."* T-In.2:3

Habiendo dicho esto, y permaneciendo con el misterio, la pregunta que surge al nivel en el que nos aparentamos encontrar es: ¿cómo, entonces, se puede romper ese condicionamiento? En mi experiencia, y eso no implica que haya roto ese ciclo completamente porque si todavía me experimento como cuerpo, hay lecciones de perdón pendientes, mi proceso ha sido un profundo deseo por la paz interior, donde no se desea cambiar nada. Ni siquiera un deseo por cambiarme a mí. Es, simplemente, el deseo por estar presente aquí. Presente conmigo mismo, presente con las sensaciones que surgen, presente con los pensamientos que surgen, simplemente, trayendo presencia, una rendición total y siendo muy, pero que muy consciente de las historias que la mente quiere fabricar. Eso es a lo que se le conoce como mantenerse atento en favor de la Verdad, que para estudiantes de Un Curso de Milagros, es perdonar.

Así es como surge la comprensión, mientras se observa al personaje "yo" haciendo lo que sea que esté haciendo desde un espacio de total inocencia y de aceptación, simultáneamente recordando que no es el hacedor de nada, viviendo una experiencia de vida, la cual no controla, nunca controló, ni desea controlar. Solo en cada momento, observando más conscientemente, haciendo lo que realmente Le apetece.

Valentía Implica Total Aceptación

El concepto que el mundo tiene de valentía es luchar por lo que se desea, superar obstáculos, demostrar que uno puede, intimidar, etc. Sin embargo, una persona que acepta la vida tal como se presenta, con todos sus altos y sus bajos, una persona que se acepta a sí misma con todos sus defectos y sus virtudes es una persona valiente porque no tiene miedo. Eso es lo curioso, que la valentía en realidad es la ausencia de miedo. No estoy hablando del miedo que nos lleva a que si estamos cerca de un precipicio dar un paso hacia atrás o mirar hacia los dos lados antes de cruzar la calle, que forma parte del mecanismo para que el cuerpo no se haga daño. Estamos hablando del miedo psicológico, pues el que lucha, por más "valiente" que sea, ¿de qué le sirve la lucha, la intimidación, el "superar" lo que sea, el "yo puedo", si lo que le impulsa es el miedo, lo que le impulsa es la no aceptación de Lo Que Es en función de lo que él cree que "debería" ser?

El verdadero "guerrero" no lucha contra la vida, se abre a ella. En ese contexto, ¿quiénes, en realidad, han sido ejemplo de verdaderos guerreros? Jesús, Buda, Gandhi, al igual que muchos como ellos, porque ganaron la única batalla que todos tenemos: la batalla contra nosotros mismos. Sus mentes estaban en paz. Sin embargo, eso es exactamente lo que deseamos en lo más profundo de nuestro ser. Y "luchamos" por ello, cuando para ello *¡no hay que hacer nada!*

A mí me dan vértigo las alturas. Me aterran. Eso no me hace ni una persona "cobarde" ni peor que otras. Eso solo me hace una persona cuyo condicionamiento no le permite sentirse cómodo con las alturas. Luego vemos a esas personas que no le temen a las alturas y decimos, *"¡qué valientes!"*. Y queremos ser como ellos. Y sufrimos. Y vamos a cursos de auto superación para forjar una "mejor" versión de nosotros mismos. Sin darnos cuenta de que el negar nuestro condicionamiento solo conduce al sufrimiento y a la frustración. Pues el objetivo no es ser un "mejor" ser humano. En otras palabras, no es ser un "mejor ego". El objetivo es reconocernos como Esencia, como Amor.

Puedo, entonces, ser completamente útil en otros contextos en los que la pérdida de miedo a las alturas no es necesario, como por ejemplo, desde el amor puede que se me guíe a acompañar a personas durante sus procesos. De Tola misma manera, una persona cuyo condicionamiento es no temerle a las alturas, desde el amor puede ser guiada a ayudar a personas que se encuentren atrapados en lugares altos. Esa persona que no le teme a las alturas puede sufrir terror al perder algo muy querido y la vida puede que me ponga para servirle de apoyo y viceversa. Pueda que me encuentre atrapado en un elevador panorámico en el piso 60 de un rascacielos en el que solo se puede tener acceso desde fuera y esa persona puede acompañarme y llevarme a tierra firme por su destreza y ausencia de miedo a las alturas. ¿Ven como todo tiene un orden? Pero ese orden no puede ser respetado si yo impongo el mío a raíz de mi "valentía", que, mirado ahora objetivamente, es mi cobardía.

¿Significa eso que si hay algo en mí que me gustaría cambiar que no pueda hacerlo? Es mucho más simple. Si hay algo en mí que necesita ser cambiado, *la vida misma* plantará el deseo de ir en pos de ese cambio y me proveerá con los recursos necesarios para que ese cambio tenga lugar para beneficio del Amor, no para beneficio del ego en su deseo de agrandamiento y superioridad. Por lo tanto, no tengo que "sufrir" ni que "luchar" por querer ser algo diferente de lo que soy. Lo interesante es, solo si me acepto tal y como me experimento, que puedo aceptar a todos, sin necesidad de que ellos cambien. Porque detrás de sus aparentes "imperfecciones" o "diferencias", lo que hay es la Sabiduría del Amor operando a través de todo para beneficio del Amor mismo.

Por consiguiente, eres valiente por la naturaleza de lo que eres. Te acobardas cuando quieres ser otra cosa. Y es una batalla perdida, porque nunca podrás ser otra cosa por más que lo intentes. Eres amor. Y si quieres experimentarte como amor *ahora mismo*, acepta todo, acéptate a ti mismo, y observa cómo el miedo se desvanece. *Eso* ¡es ser valiente!

Disfrutar de Una Rosa Sabiendo Que Se Va a Marchitar

Hay personas a las que les aterroriza abrirse a amar a alguien por el temor de perder eso que tanto "aman" y, por consiguiente, sufrir. El problema aquí es que con ese ejemplo no se está hablando del verdadero amor. Inclusive, ni siquiera se está amando.

El amor desde el punto de vista de la condición humana es apego, es adueñamiento. Y como en el mundo nada es permanente, eso que tanto "amo", en cualquier momento, lo puedo "perder". Esa falsa premisa es la que no permite que se pueda abrir uno, no al amor que tiene, sino al amor que uno es. Es una tesitura muy complicada para la mente condicionada a la creencia de que soy un cuerpo separado de otros cuerpos, pues quiero sentirme amado, pero no puedo abrirme a amar por el miedo a sentirme herido y, por eso, me niego la experiencia del amor.

La pregunta que ahora surge es ¿y cómo puedo abrirme a ese amor? Honestamente, dado que la palabra amor está tan cargada de significado asociado con sentimientos de placer, etc., yo preferiría sustituirla por la palabra paz. Pero voy a continuar utilizando la palabra amor para efectos de este escrito; pero tan solo recuerda que de lo que estoy hablando es de paz. Pues lo que me ha servido es observar cuánto sufrimiento experimento al no querer abrirme a ese amor. Eso, por lo menos, da pie al trabajo.

Solo que, como el miedo es lo que está surgiendo en la mente, dada la gran resistencia al amor, en ocasiones, el proceso de apertura al amor puede experimentarse como muy doloroso. Pero ni el amor, ni el abrirse al amor son dolorosos, ya que, si ese fuese el caso, no tendría sentido abrirse al proceso. Lo que es dolorosísimo es el aferramiento tan profundo que hay al sistema de pensamiento del miedo, que es, simplemente, lo que creemos que es nuestra identidad.

Partiendo de la creencia de que soy una "persona", que de por sí es el único problema, por ejemplo, si tengo muy arraigado como mi identidad el deseo de sufrimiento, cuando empiezo a abrirme a este camino, el no querer, inconscientemente, soltar ese sentido de identidad es lo que hace que el proceso sea tan doloroso. Porque, créalo o no, derivo un gran valor de sostener esa identidad. La utilizo, como casi todos, para justificar un autocastigo por no sentirme merecedor de amor. A partir de ahí, cada uno tendrá su manera "especial" para utilizar ese deseo de sentirse como víctima sufriente en la forma en que su condicionamiento así lo dicte. Algunas personas lo utilizarán para generar atención, otras para querer castigar a "otros", pero la justificación, sea cual sea, es totalmente irrelevante.

Lo importante es que, una vez que se toma consciencia de ello y que el deseo profundo es la paz, la vida me continuará presentando experiencias para que pueda mirar los obstáculos a ese deseo, de manera que puedan ser deshechos y pueda vivir en amor. Según esa comprensión se va integrando, se puede observar cómo la tendencia es querer amarlo todo, sin miedo a la pérdida, ya que se empieza a ser cada vez más consciente de ese amor interno que permanece siempre. Y el objeto (pareja, o lo que sea) al que se le extiende ese amor puede que se vaya o puede que se quede. Pero es irrelevante porque el objeto no es la fuente de amor. El amor como fuente es aquello permanente en nosotros que se extiende.

En una reciente conversación que Fayna y yo tuvimos, ella dijo: *"Es como una Rosa que cuando se abre emite una fragancia. Pero para poder disfrutar de esa fragancia, primero tienes que plantar la semilla y muy amorosamente cuidar de ella, sabiendo, de antemano, que la Rosa, en su momento, se va a marchitar. Si el amor que se siente por esa Rosa fuese el "amor" humano, mejor sería no plantarla para evitar el dolor que tendría lugar cuando se pierda al marchitarse, dado que se ha hecho de la Rosa nuestra fuente de amor. Si, por el contrario, tengo presente en todo momento el amor interno como mi fuente permanente, se puede disfrutar de lo que sería amar a esa Rosa dentro de la condición humana, libre de miedo, sabiendo que cuando se marchite el amor permanece. Y el regalo que me pude dar mientras la Rosa estaba presente era poder disfrutar de su fragancia."*

Mi Deseo Para "Ti" es "Tu" Felicidad, No "Tu" Aprobación

¿Por qué puse las palabras "ti" y "tú" entre comillas? Porque no existe un "tú" separado de "mí". Por consiguiente, si mi deseo para ti es tu felicidad, eso implica que el deseo para mí es mi felicidad. En la superficie esto aparenta ser un acto egoísta, *"estoy pensando en 'mí'"*. Hasta que se da cuenta uno de que si no existe una separación ¿en quién más podría estar pensando? Y de la misma manera, si te juzgo a ti ¿adivina a quién estoy juzgando? *"¿Quién transmitiría mensajes de odio y de ataque si entendiese que se los está enviando a sí mismo? ¿Quién se acusaría, se declararía culpable y se condenaría a sí mismo?,"* T-19. IV.B.i.14:11-12 (UCDM). "No serás castigado por dirigir tu ira hacia otros, serás castigado por la ira misma", El Buda.

Cuando busco aprobación, dos cosas surgen simultáneamente: una es que se perpetúa en la mente la creencia de que soy algo separado del Todo (Amor, Dios) o, para efectos de este ejemplo, algo separado de ti; y segundo, me veo inclinado a no ser completamente honesto, dado que la motivación detrás de mi compartir es manipular para que pueda ganar tu aprobación.

Cuando el silencio se va asentando más y más en la mente, lo que tiene lugar es un observar. En ese observar se es consciente de cómo la vida inspira y todo lo que se hace deja de ser para beneficio "personal" y se utiliza para extender esa comprensión. Hay aceptación de todo y de todos, con sus "diferentes" condicionamientos. No hay un deseo de cambiar a nadie. La vida se simplifica.

Cada día me sorprendo cuando me encuentro escribiendo. No sé por qué lo hago. Solo sé que se hace. Veo deseos surgir y desvanecerse en la misma consciencia en la que surgen, a menos que permanezcan, y en ese sentido confío en que por algo la vida quiere que me mueva en esa dirección.

La naturaleza del ego es egoísta, más la naturaleza del amor es altruista. Y si experimento más paz, más felicidad, de nuevo, es imposible no querer deseártela a ti. Repito, solo si me siento separado busco aprobación.

¿Cómo puede uno, entonces, contactar con esa felicidad de la que hablo, que no es sino paz interna? La vida me ha llevado a esa experiencia a raíz de una sola actitud, la cual consiste en decir de corazón: *"que se haga la Voluntad de Dios"*. No tengo ninguna herramienta ni "técnica". Esa es la práctica que, por la razón que fuese, la vida ha elegido a través de "mí", que para lenguaje de estudiantes de *Un Curso de Milagros* sería perdonar.

Perdonar no implica "cambiar" nada. Todo lo contrario. Es aceptación total e inequívoca. Esa actitud demuestra confianza en la vida. Cuando hay confianza en la vida hay paz, hay felicidad, hay amor. Y si algo se tiene que cambiar, eso ocurrirá, ya sea por sí solo o porque nace la inspiración para que se tome algún tipo de acción. Eso no lo sé. Solo tiene lugar en el momento en que tiene que tener lugar.

Mientras tanto, sé paciente y bondadoso contigo mientras se asienta esa comprensión. Mi deseo más profundo para ti, es que experimentes paz, que seas verdaderamente feliz.

Ama a Tu Prójimo Como a Ti Mismo No Es Un Mandamiento

En una reciente conversación que tuve con Fayna ella hizo hincapié en que amar al prójimo como a ti mismo no era un mandamiento, sino, más bien, una descripción. Ella reconocía que para poder amar a alguien verdaderamente tiene primero que uno amarse a sí mismo. Pero amarse a sí mismo tiene que ver con una aceptación total de sus condicionamientos.

En mi caso, uno de los condicionamientos que ha generado gran conflicto en mis relaciones de pareja es el hecho de que, por la razón que sea, me gusta sentirme libre; nunca me sentí inclinado a tener hijos ni una familia. Lo curioso del caso es, también lo reconozco, que parte de mi condicionamiento es el deseo por el afecto y por compartir. Y aunque no lo sé con absoluta certeza, me atrevería a decir que el deseo de afecto y de compartir forma parte de todos. Pero, de nuevo, no lo sé. Solo que, como en mi caso había tanto condicionamiento de miedo, quizás el miedo a ser abandonado, a no poder o, quizás, no querer cumplir las expectativas de una relación, o no querer sentir sensaciones de sufrimiento y de dolor, eso me llevaba a una experiencia de conflicto interno tan grande que se somatizaba en mi cuerpo.

Entonces sufría en todas mis relaciones porque, por un lado, quería tener esa pareja pero, por otro lado, no quería perder mi libertad. Cuando la vida me pone en relación con una mujer tan consciente como lo es Fayna, que se podría deducir que ella representa esa parte de mí que es consciente, empezamos un camino juntos que, aunque para los ojos del mundo tiene la apariencia de una "pareja", los dos sabíamos que éramos compañeros de camino, listos para mirar el miedo, para que, de una forma u otra, empezara ese proceso de deshacerlo.

Siento que hay un amor muy profundo que nos une. Pero me costaba mucho trabajo sentir ese amor, dado que primero tenía que amarme a mí mismo. Y amarme a mí mismo implicaba ser completamente honesto conmigo mismo y aceptar todos y cada uno de mis condicionamientos. Reconozco que estaba el miedo a "perder" a esa mujer tan maravillosa que la vida me había puesto en el camino. Pero también reconozco que la convivencia en familia no es algo que a mí, de verdad, me generara mucho entusiasmo. No tenía la paciencia suficiente para lidiar con los niños, no quería sentirme de ninguna manera aprisionado. Sin embargo, la vida, que muy amorosamente tiene un plan para nosotros, me llevó a esa comprensión de amarme con *todos* mis "defectos".

Lo curioso del caso es que el llamarle defectos me lleva a juzgarme, porque si son defectos, eso implica que hay algo "mal" en mí que se tiene que "arreglar". ¿Y quién dice que ser impaciente es un "defecto"? ¿Y quién dice que no querer vivir en convivencia de familia es un "defecto"? Según pude ser consciente de que no tenía "defectos", sino "condicionamientos", algo empezó a cambiar en mí. Una actitud de total aceptación hacia mi personaje. Ese amor que empecé a sentir en mí fue el amor que se empezó a extender hacia ellos. Y ahora, cuando digo que amo a Fayna, al igual que a los niños, con todo mi corazón, y que cada uno tiene total libertad de ser, es porque me he dado la total libertad a mí de ser. Por eso es por lo que puedo amar a mi prójimo como a mí mismo, dado que lo que extiendo hacia ellos es el amor y la aceptación que me extiendo a mí. Fayna y yo no estamos en una relación de "pareja", de hecho, nunca lo estuvimos. Pero tampoco es una relación abierta en el sentido de buscar otras personas para satisfacer necesidades. Estamos en una relación de amor, que durará por siempre, no importa si en la forma estamos juntos o no.

Esto me recuerda un escrito de la pareja de Eckart Tolle, Kim Eng donde ella dice: «*Durante mis viajes, una de las preguntas más frecuentes que me hacen es "¿Qué se siente al tener una relación con un ser iluminado?". ¿Por qué esta pregunta? Tal vez ellos tienen la idea o la imagen de una relación ideal, y quieren saber más sobre ello. Tal vez sus mentes quieren proyectarse a un futuro en el que ellos también estarán en una relación ideal y se encontrarán a sí mimos a través de ella.*

Por lo tanto, ¿qué se siente al tener una relación con un ser iluminado? Siempre que tengo la idea en mi cabeza "tengo una relación" o "estoy en una relación", no importa con quién, sufro. Esto lo he aprendido.

Con el concepto de "relación" vienen expectativas, recuerdos de relaciones pasadas y además conceptos mentales, condicionados personales y culturales de lo que una "relación" debería ser. Después trataría de hacer que la realidad se ajustase a estos conceptos. Y nunca lo hace. Y vuelvo a sufrir. La cuestión del asunto es: no hay relaciones. Sólo existe el momento presente y en el momento solo hay un relacionarse.

Cómo nos relacionamos, o mejor dicho cómo de bien amamos, depende de lo vacíos que estamos de ideas, conceptos, expectativas.»

El regalo más preciado que mi experiencia con Fayna me ha brindado es el reconocimiento del amor que surge en un compartir, libre de etiquetas, y con total libertad de ser. Me gustaría compartir la siguiente historia, que mientras escribía esta nota, surgió de mí, la cual titulo, *"Hogar o Prisión"*.

Había un hombre que tenía un pájaro al que amaba muchísimo. Era una especie muy exótica. Única en el mundo. Lo tenía en una jaula preciosa, muy grande; lo alimentaba y cuidaba mucho de su pájaro. Le decía todos los días lo mucho que lo "amaba". ¿Por qué pongo la palabra amaba entre comillas? Ya lo verás.

Sin embargo, ese pájaro se podía ver que no se sentía alegre. Como que no tenía vida. Simplemente, estaba en su jaula, comía, dormía y lucía muy bien para que quienes visitaran la casa pudiesen mirarlo. Una noche, su dueño tuvo un sueño en el que la siguiente frase llegó a su mente: *"Cuando amas algo, deseas lo que hace feliz a aquello que amas."*

Entonces fue a donde su pájaro, y lleno de miedo hizo algo que nunca se hubiese imaginado. Abrió la puerta de la jaula de par en par. El pájaro se fue volando y su dueño, aunque triste en un principio debido al apego que tenía, sin embargo, observó cómo ese pájaro recobró vida cuando él dejó la puerta de la jaula abierta y dio un paso hacia atrás. El pájaro voló y se fue. Su dueño, no obstante, que ya en este caso dejó de ser dueño, le seguía poniendo comida, quizás con la esperanza de que su pájaro volviese. Meses después, algo curioso empezó a tener lugar. Observaba que cuando se levantaba en la mañana la comida no estaba.

Él creyó que otros pájaros se la estaban comiendo, así que se levantó en medio de la noche y con la luz apagada esperó a ver qué sucedía. Para sorpresa suya, vio a su pájaro venir, entrar en la jaula, comerse la comida e irse. La siguiente noche, se levantó y vio lo mismo suceder. Una semana después, cuando el pájaro estaba en la jaula comiendo, él encendió muy suavemente la luz, y el pájaro, en un principio, se asustó. Pero su dueño se mantuvo a distancia. El pájaro se pone en la puerta de la jaula y el dueño no hace ningún movimiento. Simplemente, sonríe y le dice, aunque el pájaro no lo entienda: *"quiero que sepas que mi amor por ti es tan puro y tan grande, que quiero que seas libre y feliz. Y que siempre tendrás aquí un lugar donde regresar, con comida y un techo si lo necesitas"*.

El pájaro vuela de la jaula hacia la ventana y se posa ahí. El dueño va hacia la jaula, le pone comida fresca y agua, y se va. El pájaro entra de nuevo en la jaula, come y bebe agua; solo que, esta vez, se quedó en la jaula. Con el tiempo, el pájaro se dio cuenta de que esa jaula siempre iba a estar abierta. En ese momento, su jaula dejó de ser una prisión y se convirtió en su hogar. Y su dueño dejó de ser un guardia de prisión y se convirtió en su familia.

La esencia de todos y cada uno de nosotros es libertad. Libertad de ser. Para algunas personas su condicionamiento los lleva al matrimonio, tener hijos, a formar una familia. Para otros su condicionamiento los lleva a ser nómadas. Y ninguno de los condicionamientos es "correcto" o "incorrecto". Es lo que es. ¡Cuánto sufrí intentando encajar en el condicionamiento cultural!

Amarse a uno mismo es permitirse ser, aceptarse plenamente. Y solo en ese caso se le puede permitir al otro ser, y así es que puedes amar al prójimo *como a ti mismo*.

Ningún Organismo Individual Tiene Voluntad Alguna

"Ningún organismo individual tiene voluntad alguna. Cuando esa convicción es firme te sientas a observar y hay silencio. Incluso en medio de un mundo bullicioso hay silencio.", Ramesh Balsekar.

Cuando ese entendimiento se convierte en una convicción, los "debería" haber hecho, los si "hubiese" hecho, los "tengo que" que hacer, todo eso, automáticamente, se cae porque no hay voluntad "personal".

El conflicto ocurre cuando la vida me presenta un escenario y lucho contra él, lo resisto porque va en contra de mis creencias sobre cómo las cosas "deberían" ser en función de quién creo ser y luego surge la impotencia de no poder hacer nada al respecto, creyendo que tengo el "poder" de hacer algo. Ese es el argumento que el ego utiliza para generar culpa y conflicto.

Los hijos deberían comportarse de cierta manera y no lo hacen (conflicto). Quisiera estar con otra persona y, sin embargo, estoy con esta (conflicto). El mundo debería ser de cierta manera y, sin embargo, es como es (conflicto). Mi cuerpo debería lucir de esta manera y, sin embargo, luce de otra (conflicto). Yo no quiero esto y es lo que tengo (conflicto). La lista es interminable…

Y como la mente ego cree que tiene voluntad personal se culpa por no poder hacer lo que cree que "debería" hacer para cambiar las cosas.

En otras palabras:

"Debería" cambiar mi dieta alimenticia y, sin embargo, no lo hago. Deseo ir al gimnasio y, sin embargo, no lo hago. Pago la cuota para ir a un gimnasio, voy una semana y, sin embargo, dejo de ir. Quiero cambiar como persona y, sin embargo, no puedo. "Debería" meditar y, sin embargo, no lo hago. Quiero dejar de beber, o de tomar drogas, y, sin embargo, no lo hago, o peor aún, no puedo. Voy a todos y cada uno de los talleres de superación personal y, sin embargo, continúo experimentando baja autoestima, miedo, etc. Leo los libros de espiritualidad y conozco su teoría de memoria y, sin embargo, no puedo experimentar lo que prometen. Digo que no voy a volver a gritarle a mi familia y, sin embargo, les grito. Y, como la lista anterior, es interminable…

Y la culpa y el conflicto interno continúan incrementándose.

Como podemos ver, hacemos todas esas promesas, y sin embargo, no podemos cumplirlas. ¿Por qué? Porque no soy "yo" quien hace nada. Una vez que esa comprensión queda integrada, el gran regalo es que se desvanece la culpa, se desvanece el conflicto y el sufrimiento. Es ahí donde la mente no tiene argumento. En otras palabras, haga lo que se haga, es la voluntad de la vida la que se hace y no hay nada que pueda hacer al respecto.

Esto genera ahora dos preguntas. La primera es: *"si no soy 'yo' quien hace nada y si la vida me lleva a asesinar a alguien, ¿puedo utilizar eso como justificación de ese delito?"*. La respuesta es muy simple: *"¿eres el tipo de persona que sería capaz de asesinar a alguien?"*. Y si la respuesta es no, entonces, no hay razón para preocuparse por esa pregunta. Sin embargo, el que haya cometido esa acción, pues esa fue la voluntad de la vida a través de ese organismo cuerpo/mente, lo cual forma parte del plan de la vida para la salvación. Algo que "yo", como individuo, desconozco. Por eso es por lo que se me recuerda no juzgar. Porque, a fin de cuentas, no sé qué plan tiene la vida. Solo sé que cuando juzgo experimento conflicto y cuando acepto experimento paz.

Y la segunda pregunta: *"¿entonces, no puedo hacer nada para cambiar algo en mí o en mi entorno que no me gusta o que siento que no sería favorable?"* Y la respuesta es muy simple: actúa como si tuvieses libre albedrío, solo que con la comprensión de que, hagas lo que hagas, siempre se hace la voluntad de la vida. En ese sentido, no hay expectativas, no hay apego a los resultados y lo que hay es aceptación total de lo que es. Y eso es paz.

Lo curioso del caso es que, cuando hay compresión de que todo es como tiene que ser hasta el deseo de cambiar algo forma parte de esa perfección. El personaje "yo" se puede ver actuando en función de que ese cambio puede que tenga lugar, sin expectativa ni apego a que ese cambio ocurra. Vive esa acción como un observador. Lo que hay es acción o inacción. Y, de nuevo, la mente carece de argumento. Lo que hay es aceptación pura.

Pues, una vez más, ¿qué podría "yo" hacer al respecto si no soy el hacedor, si no tengo voluntad personal? Ese es el silencio del que habla Ramesh cuando dice: *"incluso en medio de un mundo bullicioso hay silencio."* Porque la mente no tiene argumentos. Lo que hay es aceptación total de la perfección de este instante con los sentimientos que haya, con los pensamientos que surjan, con las condiciones que estén teniendo lugar.

¿Cómo Aceptar Cuando La Vida es Un Desastre?

Cuando se deja a un lado la etiqueta de "desastre" la vida, simplemente, es. Esto no implica que no se pueda hacer algo al respecto para que se pueda efectuar un cambio. Pero sí implica que la actitud que se genera cuando hay juicio es una que conduce al constante sufrimiento.

Si quisiera que las cosas fuesen de una manera diferente a como son, sufro. Si acepto la vida tal y como se presenta, sabiendo íntegramente que lo que esté teniendo lugar es la voluntad de la vida para beneficio de la totalidad, no existe sufrimiento, solo aceptación del momento presente.

Desde ese espacio, observo las acciones que se toman a través de mí, sin adueñarme de ellas. Eso es vivir espontáneamente, aun cuando en ocasiones aparenta como que se hacen planes. Estas palabras que escribo no fueron planeadas. Surgieron en la conciencia y me observo escribiéndolas. Puede que las publique o puede que no. Eso solo lo sabré cuando se publiquen, aun cuando en este mismo instante está el pensamiento "se van a publicar."

A las 9:00 a. m. se le da de comer a la perra. Ese es el "plan" hasta ahora. Ya se verá si se le da de comer a esa hora, antes, o después, dado que no se sabe qué planes tenga la vida. Reconozco que alguien podría argumentar: *"que fácil es hablar de aceptación cuando los 'problemas' tienen que ver con publicar notas o alimentar a una perra a cierta hora, sobre todo cuando hay comida suficiente. ¿Pero qué hay de catástrofes, enfermedades, pérdidas de seres queridos, situaciones gubernamentales, corrupción, cuando no hay dinero o recursos, etc.?".*

El error con ese argumento es que se pasa por alto que no estoy hablando de experiencias concretas, sino que estoy hablando de una actitud que tiene lugar cuando se dejan a un lado las etiquetas, los juicios. Si dejas a un lado la etiqueta de "catástrofe", "enfermedad", "pérdidas", "corrupción", "no hay suficiente", etc., lo que queda es una experiencia. Y si se aprende a vivir en aceptación de cada experiencia, la misma contiene dentro de sí la manera de manejarla para beneficio de la totalidad.

Si aprende uno a salirse del medio (a soltar las historias de cómo las cosas "deberían" ser), puede uno empezar a contactar con esa comprensión de la cual todos los grandes maestros, Buda, Jesús, Sai Baba, Ramana Maharshi, Nissargadata Maharaj, Krishnamuti y cientos que viven que puede que nunca sepamos de ellos, hablan. Esto que comparto no es una "prescripción" de cómo vivir la vida. Es una "descripción" de otra manera de vivir que tenemos disponible en este instante. Pero para sacarle provecho a esa descripción de la que hablo, la pregunta que se tiene que hacer es: ¿qué es lo que realmente deseo, la "resolución" de mis "problemas" o la verdadera paz?

Si la contestación honesta y de corazón a esa pregunta es que deseo paz interior, hay una parte de nosotros que reconoce que tiene acceso a ella ¡*ahora mismo*!

Esa parte de nosotros nos dice: ¡*ríndete*! ¿Cuándo? ¡*Ahora*!

Esa rendición es nada más y nada menos que no argumentar con la experiencia presente. Es dejar a un lado la idea de que las cosas deberían ser de otra manera. Y aunque nuestro entorno no cambie, no se puede negar que con esa nueva actitud un cambio de mentalidad tiene lugar ¡inmediatamente!

Ese cambio de mentalidad es esa paz que tanto se desea. Y ahora es observar qué se encuentra uno dirigido a hacer, si es que algo se tiene que hacer a través del organismo cuerpo / mente que se le conoce como "yo". No estoy hablando aquí de que este cambio de mentalidad sea fácil, sobre todo cuando hemos pasado toda una vida alimentando un sistema de pensamiento caótico. Pero el cambio es posible y estas palabras sirven de recordatorio. Ahora es solo cuestión de práctica. Que la paz reine en la mente es mi único deseo para todos.

Y antes de cerrar este escrito a la perrita se le dio de comer a las 9:08 a. m.

Aunque Hablemos De Aceptación, No Hay Otra Opción

En artículos anteriores he hablado sobre la importancia de la aceptación. Incluso he hecho referencias innumerables veces sobre lo que comparto ahora, pero en mi experiencia la repetición es importante hasta que la comprensión se integra. Así que aquí vuelvo a repetir.

La vida es un acontecer que tiene lugar independientemente de nuestros deseos y preferencias. Puedes argumentar este planteamiento y no hace ninguna diferencia. La vida sigue siendo tal y como es y se va a continuar desenvolviendo como lo ha hecho hasta ahora. Lo que ocurre es que el ego, la creencia en una identidad separada con voluntad propia, se apodera de la mente y la convence de que puede pasar por alto la Voluntad de Dios porque cree en un Dios separado. Por eso la famosa frase *"el hombre propone pero Dios dispone"* da testimonio de que, aun si el hombre tuviese libre albedrio, la única voluntad que se hace es la de Dios. Y esa voluntad se está viendo en cada instante al ver el acontecer de las experiencias.

La aceptación, entonces, no hace que las circunstancias cambien, pero sí *cambia nuestra mentalidad* acerca de ellas y, por consiguiente, es el final del sufrimiento. Incluso, hasta cuando no podemos aceptar, podemos aceptar el hecho de que en este momento no podemos, o no queremos aceptar y eso es una forma de aceptación. Estamos aceptando nuestra resistencia, estamos aceptándonos a nosotros mismos, tal y como nos experimentamos. No estamos en guerra con nuestro condicionamiento.

Sin embargo, mientras haya deseos de que las cosas sean de otra manera, mientras que la creencia de que puedo "yo" hacer algo al respecto continúe vigente en la mente, esta comprensión seguirá tomando más tiempo para ser integrada, dado que estaremos reemplazando la verdadera paz por el placer temporal que el mundo ofrece.

Pero si estás leyendo estas palabras, se podría deducir que la semilla de la aceptación ya ha sido plantada en la conciencia y ahora este es el proceso a través del cual la misma va germinando. Es por eso por lo que mi mantra a diario es que solo se haga Su Voluntad. No tiene que ser la tuya. Pero cuando estés listo para la paz verdadera, puede que se convierta en tu mantra también o en un derivado de esa intención, solo que con otras palabras.

La vida me ha enseñado que solo Su Voluntad me puede ofrecer la verdadera paz debido a que, si Dios y Yo somos lo mismo, Su Voluntad tiene que, por defecto, ser Mi Voluntad. ¡Ojo! No estoy hablando de la voluntad personal del personaje "Nick". Esa es la aparente "voluntad" que se opone a Lo Que Es, la que no acepta y, por ende, hay sufrimiento.

Ponlo a prueba. No creas lo que digo. Simplemente, ríndete ahora mismo y observa cómo te sientes. Según la rendición se hace más profunda y la confianza va creciendo en ti, cuando el sufrimiento se va deshaciendo, no querrías vivir de otra manera. Y la finalidad del sufrimiento no es la búsqueda del placer ni la de la felicidad, sino la total aceptación de Lo Que Es.

Mi Única Resolución Es Perdonar

Cada vez que me voy haciendo consciente de mi naturaleza como paz, no hay necesidad de hacer resoluciones, ni siquiera cambios, porque vivo en total aceptación de mi experiencia. Cuando no me encuentro en la necesidad de hacer cambios en mí, en otras palabras, cuando no me juzgo, no me encuentro juzgando a otros, no me encuentro con la necesidad de cambiar a nada ni a nadie. Esa es la actitud que permite que esa paz se pueda seguir asentando, que ese amor pueda continuarse alimentando. Entonces, este día, o mejor dicho, este momento es perfecto.

¿Implica esto que no pueden hacerse cambios? Los cambios se harán si tienen que tener lugar para reflejar esa paz y ese amor que soy. Pero eso ocurre orgánicamente, no a raíz de una "resolución" en función de deseos personales que, ya de antemano, son motivados por la creencia de que este momento no es perfecto. Simplemente, forman parte de un plan, por así decirlo, que el amor mismo ha orquestado para beneficio del amor mismo.

La vida, ahora, se simplifica. Un primero de enero no se diferencia de un 8 de agosto. Es, simplemente, este momento, libre de conceptos. Donde no hay conceptos, donde no hay creencias, hay paz, hay amor.

Por eso este día, este instante no es más especial que ningún otro día ni ningún otro instante. Es solo la experiencia que la vida me presenta para ver si he aprendido la única lección que ha de ser aprendida. La lección que dice que soy el Santo Hijo de Dios, libre de todo pecado, libre de condiciones, libre de exigencias, libre de compromisos; soy espontaneidad pura, soy amor infinito, soy paz eterna.

Ahora es cuestión de vivir y recordar que mi única función, sea cual sea el escenario, sea cual sea el día, sea cual sea el sentimiento, es perdonar. Esa es mi única resolución, la cual se está haciendo a cada instante. Mejor dicho, en este instante, ya que es el único que hay.

Por consiguiente:

Tengo el cuerpo perfecto, con las libras/kilos perfectos y no quiero cambiar nada. Y, si me encuentro resistiendo mi peso, mi apariencia, perdono.

Tengo la cantidad de dinero que necesito tener y no quiero que sea diferente. Y, si me encuentro resistiendo mi situación financiera, perdono.

Vivo en el país que tengo que vivir, con las condiciones sociales que ese país tiene, con el gobierno perfecto que ese país tiene y no quiero cambiar nada. Y, si me encuentro resistiendo esa condición social, perdono.

Tengo la salud, o la falta de salud, perfecta que en este momento tengo que tener y no quiero cambiar nada en absoluto. Y, si me encuentro resistiendo el estado actual de mi salud, perdono.

Tengo la familia que tengo y no quiero ni que ellos cambien, ni que nada cambie al respecto. Y, si me encuentro resistiendo mi situación de familia, perdono.

Si me encuentro sin pareja, sin familia, por mi cuenta, no quiero que eso cambie en absoluto. Acepto lo que me toca vivir, sin deseo alguno de que nada cambie. Y, si me encuentro resistiendo mi estatus actual, perdono.

Tengo el trabajo perfecto, con los empleados perfectos, con el jefe perfecto, y no deseo en lo absoluto que eso cambie. Y, si me encuentro resistiendo mi trabajo, perdono.

No tengo empleo ahora mismo y, por consiguiente, acepto esa experiencia sin desear que cambie. Y, si me encuentro resistiendo mi situación laboral, perdono.

La paradoja es que cuando puedo aceptar mi situación, tal y como se presenta, estoy en paz con Lo Que Es y la inspiración para efectuar algún cambio surge natural y espontáneamente. Esa es la diferencia entre inspiración y motivación. La inspiración viene de la Sabiduría, la motivación viene del miedo, de la mente que cree "saber" lo que quiere, que cree "saber" lo que es "mejor".

Entonces, con el nuevo cambio de actitud:

Desde mi total aceptación y paz, si quiero hacer ejercicio para cambiar mi apariencia o estado físico, hago ejercicios, hago dietas, pero ya no se siente como un sacrificio, es lo que naturalmente me encuentro inspirado a hacer. Y no se hace para engrandecer al ego diciendo: "qué cuerpo tan esbelto" y empezar a compararse uno con otros cuerpos, estableciendo una jerarquía de poder sobre otros. Se hace porque es, exactamente, la oportunidad perfecta para que el individuo pueda profundizar en su proceso de liberación.

Si necesito generar más dinero, desde mi total aceptación y paz, surgirá la inspiración que me lleve a tomar la acción que sea necesaria y la vida me pondrá los recursos necesarios, si es que eso tiene que tener lugar, sin necesitad de sacrificio. Solo lo necesario para que la vida se acomode a mis necesidades.

Si necesito que se efectúe un cambio en mi país, si puedo hacer algo al respecto, desde mi total aceptación y paz lo hago. Y, si no puedo hacer nada al respecto, desde mi total aceptación y paz puede que me sienta inspirado a salir de ese país, o a observar los acontecimientos, libre de juicio.

Si necesito hacer algo para mejorar la salud, desde mi total aceptación y paz, si tengo que ir a un médico (alópata u homeópata), o si tengo que tomar medicamentos, o si tengo que tomar suplementos, sea lo que sea que se necesite hacer, seré inspirado a hacerlo. Sin miedo a lo que tenga lugar.

Acepto mi familia con todos sus condicionamientos, los amo tal y como son y si algo les tengo que decir, desde mi total aceptación y paz surgirán las palabras necesarias. Si algo tengo que hacer, desde mi paz surgirán las acciones necesarias y si me tengo que ir o quedar, eso tendrá lugar desde mi paz.

Si no tengo pareja, y hay un sentimiento profundo que requiera que tener una pareja tenga lugar para continuar mi aprendizaje, la vida la acomodará, y no habrá nada que tenga que hacer al respecto para ir en busca de ello. Y si algo se tiene que hacer al respecto, desde mi total aceptación y paz seré inspirado a tomar esa acción.

Si necesito que haya un cambio de empleo, desde mi total aceptación y paz, el mismo tendrá lugar, ya sea a raíz de una acción que me sienta inspirado a tomar, o una oportunidad que se me presente. Incluso ser despedido de ese trabajo sería la señal que necesitaba.

Si no tengo empleo, desde mi total aceptación y paz, me sentiré inspirado a hacer lo que sea necesario, o la oportunidad se me presentará. No tengo que luchar con ello. Solo atender a mi paz.

Esta actitud de total aceptación no es un estado de resignación; es la completa confianza de que todo forma parte de un plan diseñado por el Amor (Dios) para beneficio de la totalidad. No hay que intentar comprenderlo, solo aceptarlo. Y el resultado inmediato de esa aceptación es paz interior. Cuando hay paz ¿qué sentido tiene desear algo diferente?

¿Cómo se Siente el Amor?

Cuando el amor se equipara con un sentimiento, con un deseo, dado que la naturaleza de los deseos y de los sentimientos es transitoria, aparenta como que el amor no es duradero. Aparenta como que el amor no es permanente. Sin embargo, cuando se experimenta paz, en el sentido de que no hay sufrimiento alguno, eso sería lo más congruente con el estado de amor.

En ese sentido, mis relaciones son amorosas porque una mente libre de sufrimiento es una mente libre de juicios, por ende, libre de conflicto. Es curioso observar cuando tengo una mente clara que, inclusive en el ataque de un hermano, detrás de ello puedo reconocer que simplemente es una petición de amor.

Pero para poder abrirme a ese amor, a esa paz, tengo que ser honesto conmigo mismo y observar los obstáculos que hay al amor, a esa paz en mí. Empiezo por atenderme a mí mismo, por no pelear con mis deseos, por no rechazar mi condicionamiento. No hay nada que tenga que cambiar ni que "mejorar". Solo necesito aceptar. Esa aceptación de todas mis sombras es la que apunta a la mente en dirección a esa paz, a ese amor que desmantela toda sombra.

Las relaciones me ofrecen ese espejo. Me ayudan a mirar mi miedo. Ese miedo que le proyecto a las experiencias, a las personas, a las circunstancias cuando no lo puedo ver en mí. Por eso escuché una vez a alguien decir que es más fácil ver el ego en el otro que en uno mismo.

Cuando queremos cambiar nuestro condicionamiento, paradójicamente, lo alimentamos. Eso no implica que uno no pueda ser consciente de que hay un condicionamiento que le gustaría cambiar si fuese posible y que no pueda hacer algo al respecto. Lo que sí implica es que si el condicionamiento está ahí, que no se culpe uno por ello, que no pelee uno con ello, que no lo resista, sino que lo pueda ver y observar, ya que eso es perdonar.

Entonces, el condicionamiento puede cambiar, si es que esa es la Voluntad del Amor. Y si no cambia, hay comprensión de que ese comportamiento, esa característica de mi personaje tiene que estar ahí para cumplir la función de un plan mayor. Pues, a fin de cuentas, cada escenario me muestra mi miedo. Y si quiero deshacer ese miedo, que de por sí no existe, tengo primero que mirarlo. El miedo se deshace, no escondiéndose de él ni juzgándolo. El miedo se deshace mirándolo de frente.

Mirar el miedo no es ir a buscarlo. No es necesario tampoco auto castigarse. El miedo saldrá y solo hay que traer consciencia. Esa es la razón por la cual lo que determina cuán beneficiosa será cualquier relación para la sanación lo decide el propósito que se le adjudica. Si el propósito es derivar placer, el sufrimiento es inevitable. Si, por el contrario, el propósito es abrir esa ventana para poder mirar el miedo, sin sentirse uno culpable ni avergonzado por lo que sea que se tenga que mirar, la paz, el amor es inevitable.

El miedo es un velo, no un sustituto. *Un Curso de Milagros* me recuerda: *"No serás capaz de aceptar la comunicación perfecta mientras sigas queriendo ocultártela a ti mismo. Pues lo que deseas ocultar se encuentra oculto para ti. En tu práctica, por consiguiente, trata solamente de mantenerte alerta contra el engaño (tus juicios e interpretaciones) y no trates de proteger los pensamientos que quieres negarte a compartir. Deja que la pureza del Espíritu Santo los desvanezca con su fulgor, y concéntrate sólo en estar listo para la pureza que Él te ofrece. De esta manera, Él te preparará para que reconozcas que eres un anfitrión de Dios y no un rehén de nada ni de nadie."* T-15.IV.9:6-10.

La oración que dice: *"…y concéntrate sólo en estar listo para la pureza que Él te ofrece…",* T-15.IV.9:9, a mi entender, implica poner todo tu enfoque en perdonar, en mirar conscientemente cuando surge el juicio, cuando surge el miedo, y que recuerdes: *"Nunca estoy disgustado por la razón que creo."* W-pI.5, o *"…no conozco el significado de nada, incluido esto. No sé, por lo tanto, cómo responder a ello. No me valdré de lo que he aprendido en el pasado para que me sirva de guía ahora."* T-14.XI.6:7-9.

En otras palabras, mantente atento ante la paz, ante la verdad y así estás preparando la mente para la pureza que Él te ofrece, o sea, para Su interpretación, para Su juicio. Y lo que empieza a tener lugar es una comprensión más profunda de tu naturaleza como amor, como conciencia. Esto no implica que tus "problemas" mundanos se arreglarán, o que encontrarás la pareja de tus sueños y viviréis felices para siempre. No estamos hablando de intentar controlar el guion. Estamos hablando de que, a raíz de ese cambio de mentalidad, puedes vivir en paz, sea lo que sea que el guion traiga. Eso es verdadera felicidad. Por consiguiente, es así como se siente el amor.

     ¿Cómo se Siente el Amor?

La Relación en la Forma Refleja La Relación en la Mente

El mundo, constantemente, refleja nuestro estado mental. Si me siento bien conmigo mismo (estado mental) estoy bien con todo lo que tenga lugar en el mundo. Si me siento mal conmigo mismo (estado mental) voy a percibir el mundo de tal manera que va a corroborar ese estado. Pero no estamos hablando del estado mental del ser humano, aunque en un principio es lo que aparenta ser. Vamos a empezar con un ejemplo que se puede aplicar a la condición humana y luego profundizamos.

Digamos que hay una creencia en mí que dice: *"la gente me traiciona"*. Independientemente de que la gente se comporte de una manera o de otra, me relacionaré con el mundo desde la traición, sospechando de todo y de todos. Entonces, no importa cómo el mundo, cómo las personas se comporten conmigo, siempre voy a encontrar una razón por la cual me sentiré traicionado.

Una persona podría decirme: *"si no tienes donde quedarte, te puedes quedar en mi casa unos días"*. Con una mente libre de miedo ese escenario se ve como un acto bondadoso y amoroso. No obstante, cuando la creencia de que el mundo puede traicionarme sigue vigente en la mente, posiblemente el pensamiento que inmediatamente surgiría es: *"¿qué está tramando esta persona?, ¿qué quiere de mí?"*. De la misma manera, una persona podría dirigir palabras hacia mí, las cuales con cierto tono de voz y con cierto vocabulario podrían ser percibidas como un insulto, como un ataque. Cuando la mente está clara, simplemente se reconoce que esa persona está experimentando miedo y en vez de percibir su ataque como algo personal, se observa muy claramente que lo que esa persona está expresando es una petición de amor. Si, de lo contrario, la mente está identificada con sistema de pensamiento del miedo, sentiré la herida de ese ataque, inclusive puede que se lo devuelva.

Como se puede ver, el trabajo no se hace en el mundo, se hace en la mente. Solo que hay un factor que, por lo general, se pasa por alto y es no entender cuál es el trabajo del que estamos hablando y cómo se realiza ese trabajo. Aquí no se trata de intentar cambiar una creencia por otra, y es ahí a donde el ego intenta llegar a la mente para "resolver" el problema. Este trabajo es para ponernos en contacto con esos sentimientos profundos, escondidos en los cañones más oscuros de la mente, para que puedan ser liberados.

Así que vamos a explorar este tema compartiendo cómo es que este trabajo me ha servido. Utilizando un ejemplo específico, una vez le envié un mensaje a una mujer con la que había un vínculo emocional muy profundo. Al ella no responderme surgió un sentimiento muy profundo de traición y de abandono. Utilicé las palabras traición y abandono como una manera de describir ese sentimiento. Pero solo es un sentimiento escondido que aflora en circunstancias como esa.

Como compartí anteriormente, no vamos a intentar cambiar una creencia por otra que diga: *"nadie puede abandonarme"*, o *"merezco ser amado…"*, ni a empezar a hacer afirmaciones como: *"me siento bien conmigo mismo"*, o *"el mundo me quiere"* y así sucesivamente. Creámoslo o no, todas esas son diferentes maneras de evasión para no sentir esa herida profunda. Aquí lo que hacemos ahora es entrar en esa herida, sentirla en su totalidad, soltando cualquier historia que la mente quiera adherirle. Pues es así como las capas de miedo se van soltando y lo que termina quedando es esa paz, es el amor subyacente.

Hasta que no estemos listos para este trabajo, generalmente buscaremos maneras de evitar sentir todo eso que aflora: como una meditación guiada, mantener la mente distraída buscando algo que hacer, lo cual, puede que en ocasiones genere un "alivio" temporal, pero el sentimiento escondido volverá a la superficie una y otra vez hasta que pueda ser *atendido*, no rechazado, no ignorado ni "entendido".

Este trabajo pasa por alto la mente intelectual y nos lleva directamente al origen. Ese origen es donde se deshace el sistema de pensamiento del ego y es por esa razón por la que el ego no quiere que sientas, pues no quiere ser visto de frente, ya que una vez visto de frente pierde todo su "poder". Lo curioso del caso es que el ego no tiene ningún poder, se alimenta de nuestro poder. En otras palabras, el ego "existe" porque somos nosotros los que lo alimentamos, dado que eso es lo que nos da un sentido de identidad. Continuando, todas esas memorias escondidas que son expuestas a un nivel sentido se van desintegrando ante la luz del amor. Y es así como el miedo se va erradicando.

Volviendo al ejemplo que estaba compartiendo, cuando ese sentir tan profundo y devastador tuvo lugar, en vez de permitir que tuviesen protagonismo en mi mente las historias que la misma, en un principio, quería fabricar cuando ella no me contestó, historias como *"me siento ignorado"*, *"me siento abandonado"*, *"a esa persona no le importo"*, bla, bla, bla…, se estableció un punto de comprensión. Me encontré diciendo: *"como todo está orquestado para beneficio del amor, el universo, **a propósito**, orquestó que ella no me contestara para poder ponerme en contacto con ese sentimiento profundo que necesita ser sanado"*.

Ahora, esa experiencia que tuvo lugar hizo perfecto sentido porque fue, simplemente, la oportunidad que se me brindó para que ese sentimiento pudiese ser expuesto y acogido, sentido, amado, en fin, perdonado. Por eso es que se nos dice que nuestra única función es perdonar. Ahora solo estoy muy atento a cualquier sentimiento que surge para despojarlo de significado y permitir que el perdón haga su trabajo. Este trabajo, como dije anteriormente, pasa por alto la mente intelectual, no requiere de interpretaciones, no requiere de justificaciones, solo permitir ser. Por eso es que el Curso define el perdón de la siguiente manera: *"El perdón, en cambio, es tranquilo y sosegado, y no hace nada. No ofende ningún aspecto de la realidad ni busca tergiversarla para que adquiera apariencias que a él le gusten. Simplemente **observa, espera y no juzga.**"* W-pII.1.4:1-3.

Y este trabajo da miedo. Da miedo porque deja a la mente despojada de control, y la mente necesita "saber". Es entrar en contacto con la incertidumbre, algo que nunca se nos enseñó. Todo lo que hemos aprendido es intentar entender, intentar controlar, todo para poder sentirnos "seguros".

Este trabajo su función es deshacer la identidad "yo", la cual me he creído que es mi "realidad". Eso genera mucho miedo porque se experimenta como una forma de muerte. En otras palabras, si esa identidad desapareciese, entonces, ¿quién soy yo?

Lo curioso del caso es que, si estuviésemos dispuestos a soltar ese sentido de identidad, lo que en realidad desaparecería *sería el miedo*, pues el miedo solo tiene lugar cuando se adhiere a un "yo". Si no hay un "yo", no hay miedo. Lo que hay es, simplemente, experiencia. Pero, aunque se pueda hablar de ello, la realidad es que se necesita una experiencia. Y, según se van deshaciendo las capas de miedo, todos esos sentimientos que afloran para ser sanados, la experiencia que se va asentando es paz interior.

El personaje "yo" continúa "existiendo". Solo que, al ser consciente de su esencia, no reacciona al mundo, no reacciona a las sensaciones y, si en ocasiones reacciona, dado algún residuo de su condicionamiento pasado, lo pilla inmediatamente y no responde. No se cree los pensamientos, no se apega a nada, aun cuando en la superficie cualquiera diría que está viviendo una vida "normal", como la del resto. Hace cosas cuando le apetece y deja de hacerlas cuando no. Interactúa con el mundo de la misma manera que el resto. Lo único que cambia es su actitud. Y por eso *Un Curso de Milagros* me recuerda: *"Hay una manera de vivir en el mundo que no es del mundo, aunque parezca serlo. No cambias de apariencia, aunque sí sonríes mucho más a menudo. Tu frente se mantiene serena; tus ojos están tranquilos. Y aquellos que caminan por el mundo con la misma actitud que tú reconocen en ti a alguien semejante a ellos. No obstante, los que aún no han percibido el camino también te reconocerán y creerán que eres como ellos, tal como una vez lo fuiste."* W-pI.155.1:1-5.

Por lo tanto, la única salida es a través de la oscuridad. Tan solo recordemos que la oscuridad no tiene ningún efecto sobre la luz. Simplemente, desaparece ante ella. Somos luz. Y No hay nada más. Lo único que toca ahora es permitir que la luz que somos alumbre esa oscuridad fabricada, esa oscuridad inventada, todo con lo que inocentemente nos hemos identificado. No hay nada más que "hacer". Todo se está haciendo. Lo único que se necesita "hacer" es, simplemente, salirse del medio. ¿Cómo se sale uno del medio? Recordando que nada significa nada y desde ese espacio de completa apertura y humildad, se permite que el amor sea el que enseñe.

Con una mente transformada solo se puede percibir un mundo transformado. Transformado, no en el sentido de que las cosas vayan de una manera o de otra. Eso sigue siendo una identificación con un "yo", con un "mundo". Transformado en el sentido de que se puede ver más allá de las imágenes lo que está detrás: amor, comprensión, el Santo Hijo de Dios *inocente* en todos y cada uno de sus diferentes disfraces.

Amar es Simple, Odiar es Difícil, Sin Embargo...

En el proceso de deshacimiento del miedo, aunque amar, que es nuestra verdadera naturaleza, es tan simple, la resistencia inconsciente al amor hace que eso que es tan simple se experimente como algo tan difícil.

Lo que he podido observar es que primero tengo que ser *brutalmente honesto* conmigo mismo y darme cuenta de cuánto miedo hay en mí. Esto puede ser muy difícil para algunas personas de aceptar, sobre todo cuando entramos en el camino "espiritual" porque existe la tendencia de negar esos condicionamientos. En muchos casos hay quienes creen que han "superado" eso, quizás porque se rodean de gente que piensa de la misma manera, o evitan circunstancias y escenarios que, según ellos, son "negativos".

En lo que estoy haciendo hincapié con este escrito es en no intentar suprimir esos aspectos oscuros solo porque nos hemos llenado la mente de conceptos espirituales, sino ser lo suficientemente honestos y humildes para reconocer que necesitamos ayuda. Pues el amor que mora en nosotros no puede hacer nada si se mantiene negado bajo conceptos, como *"yo soy la luz del mundo"*, *"yo amo a todos mis hermanos"*, *"soy el amor de dios..."*, ya que, aunque todo eso es verdad, la pregunta honesta es, *"¿cómo en realidad me siento?"*.

Esa pregunta pasa por alto la conceptualización intelectual y me lleva directo a lo que realmente siento. Y es ahí, en ese *sentir crudo*, donde se hace el trabajo. Es como un alcohólico que cree no tener un problema. Dado ese el caso, no tendría sentido ir a las reuniones ni hacer los 12 pasos. ¿Por qué? Porque eso, en un principio, requiere sacrificio (dejar de beber solo por hoy). Y cuando su condicionamiento es el de beber, cuando su cuerpo lo "necesita", cuando se le pide a gritos dejar de beber, aunque solo sea por hoy, es más que un sacrificio: es una *muerte súbita*, es muy doloroso. Pero hasta que no llega el punto en el que reconoce que no puede con el problema, no puede caer humildemente de rodillas y rendirse. Solo cuando reconoce que necesita ayuda es que se abre completamente a recibirla.

Me encantan los primeros tres pasos de alcohólicos anónimos porque representan la humildad y una entrega total a Dios:

Primer paso: admitimos que éramos impotentes ante el alcohol, que nuestras vidas se habían vuelto ingobernables (humildad).

Segundo paso: llegamos a creer que un Poder Superior a nosotros mismos podría devolvernos el sano juicio (humildad).

Tercer paso: decidimos poner nuestras voluntades y nuestras vidas al cuidado de Dios, como nosotros lo concebimos (entrega a Dios).

Si no soy lo suficientemente humilde como para reconocer que hay ira en mí, resentimiento en mí, en fin, miedo en mí, no puedo recibir ayuda. Esto no significa que ahora agarro todo ese miedo y me siento culpable por tenerlo. Pero si estoy abierto a reconocer cuánto miedo le tengo al amor, entonces, puedo abrirme a mirar todo lo que está escondido en el inconsciente, solo que esta vez con un nuevo maestro (Espíritu Santo, Sabiduría Interna, Divinidad, Jesús, Buda, Cristo, o como se le quiera llamar).

Ahora voy caminando por el valle de las sombras, no escondido en una cueva pretendiendo que estoy "bien" porque me encuentro meditando diciendo para mis adentros que soy amor, que solo siento amor y que todo es amor, mientras tengo terror de abrir los ojos y mirar lo que tengo a mi alrededor.

Todo lo contario, camino por el valle de las sombras agarrado firmemente de la Mano de Aquel que me acompaña, mirando todos los rincones de "mi miedo", sin esconder ninguno, sin azucararlo con conceptos espirituales, sin pretender que no está ahí y, muy importante, sin sentirme culpable por sentir miedo. Es así como puedo, entonces, recibir ayuda. Esa es la verdadera humildad. *"bienaventurados los humildes, pues ellos heredarán la tierra."* [Mateo 5:5]

Por eso es que este trabajo, como decía un ministro en los Estados Unidos, no es para cobardes. *Un Curso de Milagros* habla de no ocultar el miedo de la siguiente manera en múltiples ocasiones:

"Escapar de la oscuridad comprende dos etapas: primera, el reconocimiento de que la oscuridad no puede ocultar nada. Este paso generalmente da miedo. Segunda, el reconocimiento de que no hay nada que desees ocultar aunque pudieses hacerlo. Este paso te libera del miedo." T-1.iv.1:1-4.

"Recuerda que tienes que atravesar las nubes (el miedo) *antes de poder llegar a la luz [...] trata de ir más allá de las nubes utilizando cualquier medio que te atraiga. Si te resulta útil, piensa que te estoy llevando de la mano, y que te estoy guiando. Y te aseguro que esto no será una vana fantasía"*. W-pi.70.8:5...9:2-4.

"Cuanto más te aproximas al sistema de pensamiento del ego, más tenebroso y sombrío se vuelve el camino [...] estate dispuesto a juzgarlo con absoluta

honestidad. Pon al descubierto la tenebrosa piedra angular de terror sobre la que descansa y sácala a la luz. Ahí verás que se basaba en la insensatez y que todos tus miedos eran infundados." T-11.in.3:5...8-10.

Reconozco, por lo menos para mí, y solo puedo hablar de mí, que este trabajo no ha sido fácil. Puede que para otros así lo sea y dado ese el caso, respeto su guion. Pero para mí ha sido y sigue siendo estar dispuesto a mirar con honestidad las sombras que hay escondidas en mí que me separan de mi hermano (de mí mismo). Pero para los que estamos dispuestos a seguir mirando y así poder compartir la visión de Aquel que nos guía, recordemos entonces:

*"Lo único que necesitas hacer para morar aquí apaciblemente junto a Cristo (Maestro Interno, Sabiduría Interna, como se le quiera llamar) es compartir su visión. Su visión se le concede inmediatamente y de todo corazón a todo aquel que esté dispuesto **a ver a su hermano libre de pecado**. Y tienes que estar dispuesto a **no excluir a nadie**, si quieres liberarte completamente de todos los efectos del pecado. ¿te concederías a ti mismo un perdón parcial? ¿puedes alcanzar el cielo mientras un solo pecado aún te tiente a seguir sufriendo? El cielo es el hogar de la pureza perfecta, y Dios lo creó para ti. **Contempla a tu santo hermano, tan libre de pecado como tú, y permítele que te conduzca hasta allí.**"* T-22.ii.13:1-7.

Y de nuevo, solo puedo contemplar a mi santo hermano libre de pecado, si yo estoy libre de pecado. Y para yo estar libre de pecado tengo que reconocer que deseo el pecado. Es por eso que necesito ayuda. Y recordemos que pecado significa error de percepción. El hijo de Dios no puede "pecar" porque es *inocente*. Pero, sí puede confundirse con relación a su inocencia y ese error de percepción (pecado) no necesita castigo, necesita *corrección*. Eso es lo que el Espíritu Santo, Sabiduría Interior, Esencia, Cristo, Dios, o como se le quiera llamar, hace por nosotros. Amorosamente *corrige*, no "castiga". Y solo puede hacer Su trabajo cuando se le pide ayuda. Y solo se le pide ayuda cuando soy lo suficientemente humilde como para reconocer *que la necesito*. Y solo puedo reconocer que la necesito cuando estoy dispuesto a no esconder *ninguno* de mis miedos. Y mi motivación para no esconder ninguno de mis miedos es el deseo profundo de experimentar el amor que soy. *No deseo nada más*.

El Tiempo No Cura Nada, El Amor Sí

Hay una creencia muy popular que dice que el tiempo lo cura todo. En mi experiencia no he visto que esto haya sido así. Por consiguiente, me gustaría reflexionar un poco sobre el tema. En el ámbito de las relaciones de pareja, que es a la que generalmente esa frase se le adjudica, cuando hay una ruptura, una separación, digamos que dolorosa, una persona que no es consciente lo que intenta es olvidar. Y durante ese tiempo que se encuentra sola, para evadir esos sentimientos dolorosos que salen a la superficie, intenta distraerse.

La forma de distraerse difiere en cada persona. Algunas salen con las amistades. Otras se van de fiesta, vacaciones, otras se ahogan en alcohol, drogas, o buscan placer en relaciones pasajeras, etc. Otras puede que busquen terapia, solo que, quizá, es la terapia convencional donde se sientan en un diván y simplemente hablan para desahogarse. Y también existe la posibilidad de que aparezca otra relación con la que intentan tapar el dolor de la previa, solo que, tarde o temprano, el condicionamiento escondido aflora y el círculo vicioso se repite generando más frustración, dolor y autoengaño.

Imaginémonos que la persona no se involucra en otra relación por un tiempo, pero utiliza el tiempo que esté sola para distraerse, para "olvidar"; puede que esos sentimientos hacia la persona con quien estaba se hayan calmado, de tal manera que, si se encontrase con esa persona en un futuro, pueda establecerse una amistad. Es ahí donde creemos que el tiempo ha curado algo. Pero en realidad, todo lo que el tiempo ha hecho ha sido esconder esos miedos profundos en el inconsciente.

Cuando la persona cree que ha "sanado" y dice que está lista para una relación y la vida se la presenta, aunque quiera intimar, en realidad pone una barrera, una coraza para asegurarse de que no será herida de nuevo. Eso, obviamente, pone una restricción a la relación que la otra persona, tarde o temprano, la siente. Luego uno dice: *"voy a empezar a abrir mi corazón hacia ti, pero lo hago cautelosamente para evitar que pueda ser herida como una vez lo fui"*. Esto me recuerda una relación que tuve hace años atrás; claro, yo estaba muy inconsciente en ese tiempo, pero ella me preguntó: *¿es seguro enamorarme de ti?* Y yo le dije que sí porque no quería "perderla". Pero el desastre que tuvo lugar, finalmente, fue inevitable.

Continuando con el relato, esa persona que cree estarse "abriendo", está simplemente tanteando el terreno para asegurarse de que pueda sentirse "segura". ¿Por qué se siente de esa manera? Porque las heridas que creía haber "sanado" están ahí latentes, listas para surgir de nuevo.

Una vez que la persona se involucra en la relación y el conflicto surge y a raíz de ello se experimenta otra separación dolorosa, después de un sinnúmero de esas experiencias, en algunas ocasiones las personas empiezan a generalizar las relaciones diciendo: *"las mujeres son…"*, o *"los hombres son…"*, o *"yo no sirvo para estar en relaciones…."*, o *"las relaciones son dolorosas…"* y así sucesivamente.

¿Cómo, entonces, el miedo a las relaciones, o a relacionarse, puede ser superado? La respuesta es, amando, no "olvidando". ¿Pero amar qué? ¡*El dolor*! En otras palabras, lo que toda relación nos ofrece es el regalo de *poder mirar los obstáculos escondidos* al amor que hemos albergado en el inconsciente. Esto es lo opuesto al propósito que el miedo tiene para las relaciones. El miedo busca una relación para "completarse", para "sentirse pleno", para "llenar" un vacío, mientras que el amor utiliza las relaciones para reconocerse como amor. No busca nada de ellas, no exige nada de ellas, simplemente, *se abre a ellas para amar*.

Entonces, digamos que surge una ruptura de relación, una separación que pueda experimentarse como muy dolorosa. ¿Cómo puede una persona consciente abordar esta experiencia? Lo primero que hace es que toma completa responsabilidad de lo que siente, sin culpar a la otra persona. Este paso *es el más importante*. Porque esto abre el espacio para atreverse a mirar el condicionamiento inconsciente que esa persona ha estado permitiendo que rigiera su vida.

Ahora viene el proceso más difícil, pero, a su vez, es la puerta de salida. Cuando la persona se encuentra sola, en vez de buscar la manera de distraerse, utiliza ese espacio para meterse de lleno en esos sentimientos que surgen, sin justificarlos de ninguna manera. Es una manera de entrar en ese oscuro abismo y sentir en su totalidad esos sentimientos que, de nuevo, al tener tanto terror a sentirlos, la persona busca, a toda costa, la manera de distraerse de ellos. El regalo de ese trabajo es que esos sentires son memorias que se expresan o se experimentan a través de sentimientos y que al ser abrazadas, al ser amadas, pueden ser desintegradas ante la luz del amor.

Como podemos ver, no hay intelectualización, no hay conceptuación, no hay que "entender" el "porqué" de nada. Lo que hay es un sentimiento crudo y profundo que, al poder ser sentido, libera la mente de todo el condicionamiento que, paradójicamente, en un principio, es lo que nos llevaba a buscar una relación que nos "diese" lo que no podíamos darnos a nosotros mismos.

Si la persona utiliza todo su tiempo libre para mirar todos esos sentires que surgen, todas esas memorias que surgen, se libera de tal manera, que lo que está haciendo es *llenándose a sí mismo* de amor. No de un "amor externo", sino de *su propio* amor suprimido e ignorado.

Ahora se da cuenta de que el regalo más grande que le había ofrecido su relación fue sacar a la superficie todas esas memorias escondidas, todo ese miedo enterrado, para poder ser liberado y sanado. Una vez la persona ha empezado a contactar con su amor propio, a raíz de ir atravesando todas esas capas escondidas de miedo, algo muy curioso sucede: no se encuentra necesitada de una relación. Sin embargo, está abierta a la posibilidad de que, si la vida la pone en una tesitura de relación, aprende ahora a relacionarse con la otra persona desde un espacio de amor y no de carencia. No se relaciona desde el deseo de buscar algo que le "falta", sino más bien, se relaciona con el deseo de *compartir* y extender lo que esa persona ¡ya es!

Como podemos ver, el tiempo, en este caso, no fue el que "curó" nada. El tiempo fue el que se utilizó para *mirar profundamente* aquello que teníamos tanto terror de mirar. Reconozco que para algunas personas puede haber memorias escondidas que sean tan dolorosas que el miedo a sentir puede que les supere. Mi experiencia, no obstante, ha sido que si mi intención y deseo profundo es sanar o, para utilizar un lenguaje con el que estoy muy familiarizado, perdonar, la vida, o el amor, va a sacar a la superficie las memorias o sentimientos que esté listo para mirar.

Y, aunque algunos de esos sentimientos y memorias hayan sido bastante dolorosos, nunca se me presentó nada que en ese momento no pudiese superar. Una vez que se aprende a mirar y se experimentan los resultados directos del proceso mismo, un cambio de actitud hacia el sentir empieza a tener lugar en el que el miedo a sentir se cae. Y ahora, todo es bienvenido. Porque la vida, por experiencia, nos ha mostrado el beneficio de poder atravesar esas nubes y que no hay nube que nos pueda superar.

Eso me recuerda los siguientes extractos de la Biblia: "*Aunque pase por el valle de sombra de muerte, no temeré mal alguno, porque tú estás conmigo; tu vara y tu cayado me infunden aliento.*" [Salmos 23:4]. "*Entrad por la puerta estrecha, porque ancha es la puerta y amplia es la senda que lleva a la perdición, y muchos son los que entran por ella. Porque estrecha es la puerta y angosta la senda que lleva a la vida, y pocos son los que la hallan."* [Mateo 7:13-14].

Esa puerta estrecha es la puerta del sentir. Y es: paradójicamente, la puerta a través de la cual no queremos entrar. ¿Por qué? ¡Porque duele! Pero es la *¡única salida!*

Si no doliese, todo el mundo la atravesaría. La pregunta es, ¿por qué el amor ha puesto una puerta tan dolorosa para atravesar? Y la respuesta es: *el amor ¡no ha puesto nada!* Ese es el muro sólido que *nosotros mismos* construimos para evadir el amor. Esa es la distancia que el Hijo Pródigo antepuso a Su Padre. Y esa distancia es la que nuestro sentir, que se interpone entre "yo" y mi hermano se tiene que atravesar para unirme a mi hermano (para unirme *a mí mismo*).

Por lo tanto, si nuestro deseo profundo es sanar, utilicemos el tiempo, no para olvidar, no para evadirnos, sino para sentir, para perdonar, para mirar todo eso que nos duele, todo eso que nos asusta y abrazarlo, amarlo. Es así como el miedo se atraviesa. ¿Para qué? Para aprender a amarlo ¡todo! Para poder *¡amarme completamente!*

Todo Es Conciencia

Pude haber utilizado la palabra Dios, pero prefiero utilizar la palabra Conciencia, dado que el concepto Dios tiene tantos significados para tantas personas que siento que Conciencia es un término más generalizadamente aceptado. Sobre todo, de la manera en que se desarrollará este escrito. Antes de continuar, para aquellos que son estudiantes de *Un Curso de Milagros*, el término conciencia no sería aplicable aquí, dado que, según su teoría, la conciencia forma parte del primer nivel de separación. En otras palabras, la conciencia forma parte del ego. Pero aquí la estoy empleando de la manera en la que el *Advaita* la emplea, en el que la Conciencia y Dios son sinónimos.

Y aunque en *Un Curso de Milagros* queda claramente establecido que la separación nunca ocurrió, el *Advaita* dice lo mismo. Sin embargo, *Un Curso de Milagros*, al igual que el *Advaita*, están de acuerdo en que, aunque la separación nunca ocurrió, no se puede negar la experiencia "humana" que aparenta estar teniendo lugar y es desde ese prisma desde donde se empieza a abordar este tema. Habiendo clarificado esto, continuemos.

La Conciencia, siendo potencial creativo infinito, es desde donde se proyecta la experiencia fenoménica, el mundo que se percibe, incluyendo el "yo" que se encuentra en él. Su Origen es la Conciencia. Ese Origen es el que le dota a cada una de las partes proyectadas (mundo físico y todo lo que el mismo contiene: seres humanos, animales, plantas, objetos, etcétera) sus características, comportamiento, decisiones, emociones y sentimientos. En fin, todo lo que caracteriza a cada una de esas partes.

Cuando el ser humano no se percata de ello, sufre. Sufre porque cree tener el control de su vida y trata de controlarla a toda costa sin darse cuenta de que es una batalla perdida. Sin embargo, si ese ser humano se encuentra intentando controlar su vida, es porque la Conciencia lo ha proyectado de esa manera. Si, por el contrario, ese ser humano es consciente de que la Conciencia es Quien lo vive y, por consiguiente, toma la posición del observador de su vida, sin intentar controlar nada, vive en paz. Y esa actitud viene ya predeterminada por la Conciencia misma.

Entonces, ¿por qué hacer todo tipo de prácticas, si de todos modos la Conciencia va a determinar lo que va a ocurrir? Ese es el misterio, la gran paradoja de la vida. Mientras crees estar tomando decisiones, las decisiones se están tomando a través de ti. Cuando se aprende a vivir en aceptación de esa paradoja, cuando esa comprensión es integrada, el miedo no es lo que tiene lugar. Todo lo contrario, todo se suelta y la vida ahora simplemente se vive.

Esta comprensión me lleva, no solo a ser más amoroso, comprensivo y compasivo conmigo mismo, sino a ser amoroso, comprensivo y compasivo con los demás. Pues, ¿cómo podría culparme por lo que haya hecho, si es la Conciencia a través de mí la que lo hace? ¿Y cómo podría culpar a otros por lo que hayan hecho, si es la Conciencia a través de ellos la que lo hace?

La pregunta que ahora surge es: pero ¿qué hay de las personas que actúan de una manera horrenda? ¿Es entonces la Conciencia la que los lleva a actuar de esa manera y, por consiguiente, no pueden hacer nada al respecto? En base a lo que se está compartiendo aquí, la contestación sería que, efectivamente, ese es su guion y no pueden hacer nada al respecto. Sin embargo, y es aquí donde quiero que se preste mucha atención, la pregunta que me tendría que hacer es: ¿soy yo una persona que actúa de una manera horrenda? Si la contestación es no ¿para qué perder el tiempo con ese tipo de preguntas que solo sirven para distraer a la mente del hecho de que a través de mí la Conciencia está eligiendo despertar? Si te encuentras leyendo este tipo de material, haciendo tus prácticas, sean cuales sean ¿no sería esa una razón para sentir agradecimiento?

Si la Conciencia a través de mi elige sanar, no puedo sino sentirme extremadamente privilegiado. Si la Conciencia a través de mí elige rendirse, lo único que toca ahora es observar cómo me abro a la vida en total asombro y maravillado, deseoso por ver cómo se va desenvolviendo. Cuando esa comprensión tiene lugar, va acompañado de una confianza plena en la vida. Eso es lo que mi experiencia me sigue enseñando. Lo que quiero decir es que la mente condicionada por el miedo, que no confía en la vida, que no confía en la Conciencia, que no confía en Dios, cree que si no está al control, la Conciencia, Dios, en cualquier momento le hará daño, le dejará desamparado, lleno de dolor y de sufrimiento.

Pero, repito, mi experiencia no es esa. Mi experiencia es que mientras observo el ocurrir de la vida, confiando en Ella, observando cómo se hace Su Voluntad, tiendo a ser más paciente, aun cuando mi condicionamiento personal haya mostrado rasgos de impaciencia. Me encuentro siendo más amoroso, más altruista, más compasivo.

     Todo Es Conciencia

La vida fluye de una manera espontánea, acogiéndome en todo momento, dándome todo lo que necesito en cada instante, libre de esfuerzo, libre de lucha. Y, aunque en ocasiones algunas situaciones aparenten ir en dirección contraria a lo que, quizás, hubiese preferido, ese estado natural de rendición me permite abrirme y me ayuda a permitir que la vida me demuestre, una y otra vez, que lo que termina teniendo lugar, siempre, es más beneficioso de lo que en un principio hubiese preferido. ¿Por qué esto es así? Porque la naturaleza de la vida, que es amor, que es unidad, no separación, busca siempre unirse. Siempre se apoya a Sí Misma.

Por lo tanto, estas palabras se escriben porque la Conciencia a través de "mí" las escribe. Y las lees porque la Conciencia a través de ti ha elegido recordar. Lo único que ahora nos queda hacer es relajarnos, vivir y confiar. *"Crees que sin el ego* (la creencia de que soy un 'individuo' 'separado' con voluntad 'propia') *todo sería caótico. Mas yo te aseguro que sin el ego, todo sería amor."* T-15.V.1:6-7 (UCDM).

¿Qué Es Ser Un "Ser Humano"?

El ser humano es una proyección holográfica de una mente dormida. Esa mente que proyecta la imagen de un "yo" le dota a esa imagen de todo lo que piensa, de todo lo que siente y de la manera en que responde a cada experiencia o sensación. ¿Cuál es la diferencia entre un ser humano, digamos, consciente o semi-despierto, y uno que está totalmente regido por el condicionamiento ego? El ser humano consciente o semi-despierto aunque experimenta los mismos pensamientos, emociones, sensaciones, y circunstancias que cualquier otro, simplemente, no se los cree. A eso se debe que unos sufren y otros no. Porque unos pueden tomar la posición de observador mientras que los otros reaccionan a las historias que la mente fabrica, que, a su vez, se las proyecta a cada una de sus experiencias. Es por eso que toda enseñanza que apunta hacia la Verdad nos habla de no juzgar, de no darle significado a nada.

Lo curioso del caso es que el ser humano (imagen proyectada) no puede "elegir" cómo va a interpretar nada, ya que una marioneta no puede elegir los movimientos del titiritero. Solo puede observar las decisiones que la mente elige experimentar a través de esa imagen proyectada. En un principio, esto que comparto podría generar miedo. Pues sería como decir: *"entonces, si mi destino es sufrir ¿no hay nada que pueda hacer al respecto?"*. Como ser humano, no. Pero como mente soñadora, sí.

La buena noticia es que, si la mente soñadora está eligiendo despertarse, un indicativo de ello es que el personaje, el ser humano (imagen proyectada) se encuentra en una búsqueda espiritual. Se encuentra leyendo el tipo de material como el que ahora mismo expongo. Por lo tanto, aunque en teoría se pueda hablar de lo que la condición humana es, al igual que de sus limitaciones, el hecho de que el personaje "yo" se encuentre interesado en recordar la Verdad da testimonio del cambio de conciencia que está teniendo lugar en la mente a través de ese personaje.

Eso lo veo como un motivo para celebrar, no para sentirse desilusionado. Así que, no importa lo que esté teniendo lugar en tu vida, si estás leyendo estas palabras, si sientes el deseo profundo por recordar la Verdad, la mente a través de ti está eligiendo sanar, está eligiendo recordar, está eligiendo despertar, por lo tanto, *¡felicidades!* Bienvenido al "club". Ahora es solo cuestión de *confiar* en el proceso.

¡*Eso es todo*! Como siempre he dicho, un pie en frente al otro. Pasito a pasito.

El Miedo No Se "Supera", ¡Se Mira!

El miedo es la cerradura que se le pone a la puerta de salida. Lo curioso del caso es que el miedo no se deshace "superándolo", sino más bien, *mirándolo*. Superar el miedo lo que hace es otorgarle realidad, pues no tendría sentido alguno "superar" algo *¡que no existe!*

El miedo no quiere ser visto porque, de ser así, pierde todo su "poder". Observemos que puse la palabra poder entre comillas. Porque la realidad es que el miedo no tiene poder alguno. El poder que el miedo aparenta tener es el que uno mismo le otorga a raíz de creerse cualquiera que sea la historia que la mente fabrique.

Lo que produce temor de mirar el miedo, aunque ya sepamos teóricamente que si se erradica la historia el miedo se deshace, es el sentimiento que se genera, que con una historia añadida, es lo que no nos permite poder mirar el miedo de frente. Se podría decir, entonces, que la puerta de salida se mantiene cerrada con la cerradura a la que se le conoce como miedo, y que el sentimiento que se experimenta a nivel psicológico/corporal, es la llave que abre esa cerradura.

Cuando la mente intenta utilizar la lógica para deshacer el miedo lo que hace es esconder la llave. Porque si el miedo desapareciese, también desaparecería esa mente. Entonces, la única manera de utilizar esa llave para abrir la cerradura que nos lleva a abrir esa puerta es sentir completamente todos los sentimientos que se generan, sin adherirles, cualquiera que sea, la historia que la mente fabrique. Porque si nos permitimos sentir cualquier sentimiento, sin historia, todo lo que queda es una sensación cruda, completamente inofensiva y que, a su vez, es pasajera.

Cada vez que alguna de esas sensaciones se va atravesando, sería como insertar la llave en una cerradura para que una puerta se abra. Lo que ocurre es que como se han cerrado tantas puertas hay que abrir múltiples cerraduras. Las que son más difíciles de abrir son las primeras. Una vez que se han abierto esas primeras puertas, y se le deja de temer al sentir, el resto de las cerraduras se abren fácilmente.

El que se abran fácilmente no implica que dejemos de sentir. Solo que ahora todo sentir es bienvenido, no rechazado. Ahí es cuando el sistema de pensamiento del miedo empieza a reconocer que ya tiene su batalla perdida y durante esa etapa puede que los sentires se intensifiquen. Esto me recuerda algunos extractos del Curso, como:

*"El ego atacará tus motivos tan pronto como éstos dejen de estar claramente de acuerdo con la percepción que él tiene de ti. En ese caso **es cuando pasa súbitamente de la sospecha a la perversidad**, ya que su incertidumbre habrá aumentado. Es evidente, no obstante, que no tiene objeto devolverle el ataque. Pues ¿qué podría significar eso, sino que estás de acuerdo con su evaluación acerca de lo que eres?"* T-9.VII.4:6-9.

*"A medida que este reconocimiento se arraiga más, acaba por convertirse en un punto decisivo en la vida de cada persona. Esto finalmente vuelve a despertar la visión espiritual y, al mismo tiempo, mitiga el apego a la visión física. Este alternar entre los dos niveles de percepción se experimenta normalmente como un conflicto **que puede llegar a ser muy agudo**."* T-2. III.3:7-9.

Es por eso que deshacer el miedo es tan simple. Simple porque no requiere de ningún tipo de entendimiento lógico, de ninguna práctica especial, de ninguna estrategia mental. Todo lo que se requiere es mirarlo de frente a raíz de sentirlo. *Pero hay que sentirlo.* Y eso es lo que cuesta. Y no estoy insinuando que alguna práctica, indagación, análisis, etc., sea "incorrecta". Todo sirve para preparar el terreno. Pero lo que deshace el miedo es sentir sin juzgar. Porque, en mi caso, aunque en ocasiones podía ver la creencia que sostenía el sentimiento, por alguna razón, permanecía. ¡Eso me generaba tanta frustración...! Pues el sentimiento era solo una herida, una capa que salía, que necesitaba ser iluminada, no interpretada y sobre todo, no rechazada.

Cuando uno empieza a sentirse lo suficientemente cómodo con los sentimientos que surjan, nada es una amenaza, todo es bienvenido, y, por primera vez, es que se puede vivir la vida. El que tiene miedo a sentir tiene miedo a vivir y, por consiguiente, se esconde. Pero no por mucho tiempo. Porque el sentir mismo lo llevará a tomar alguna acción. Para algunas personas es anestesiarse, para otras, ¿quién sabe?, hasta que finalmente dejemos de huir de él, nos demos la vuelta, lo miremos de frente, lo sintamos y así es como será deshecho, porque pierde todo su "poder". El "poder" que estaba sostenido, no por ningún hecho, sino por una historia que la mente fabricó y se la creyó.

   El Miedo No Se "Supera", ¡Se Mira!

Atravesando El Túnel de Terror

Un día me encontré pasando una etapa muy oscura de la mente. No entendía nada de lo que sentía. Era un lugar muy triste y desolado. Por momentos surgía llanto y era muy doloroso. Surgió un sentimiento de abandono, de resentimiento, de sentirme ignorado, traicionado. La mente, inmediatamente, buscaba a qué o a quién dirigir esos sentimientos buscando una raíz, mas no había respuesta. Solo un sentimiento desgarrador de desvaloración y tristeza.

Intentaba con pluma y papel escribir, hacerme preguntas, para ver si surgía una respuesta, algo a lo que la mente pudiese aferrarse para hacer sentido de toda esta locura. Mas no surgía nada. Era un túnel oscuro que, simplemente, tenía que ser atravesado. Tenía que ser sentido, no entendido. Entiendo claramente por qué nadie quisiera entrar ahí, pues la única manera de atravesarlo es con fe y confianza. No hay otra.

Queremos pasar alrededor de él, brincarle por encima, evitarlo pero, tarde o temprano, hay que cruzarlo. Entiendo que en ese túnel, en el que todos esos sentimientos surgen para persuadirme de no dar un paso más, yo me rendía y aceptaba el sentir, mientras continuaba caminando. En medio de todo ese proceso, experimenté momentos de claridad y lucidez. Eran como regalos de la Divinidad ayudándome a recordar que hay luz y que no todo es oscuridad. Continuaba tomando el próximo paso y entraba de nuevo en la tristeza y en el dolor que, aunque quizás no tan fuerte ni tan duradera como las capas anteriores, seguía ahí.

En un pasado me preguntaba: "*¿cuánto más…? ¿cuánto esto durará…?*". Pero algo en mí ya sabe que todo lo que está teniendo lugar es que se están sanando todas las heridas, están cicatrizando. Y, aunque todavía duele, hay una certeza que se va asentando, sabiendo que todo es beneficioso y que forma parte de una preciosa transformación.

Requiere de gran coraje mirar, sentir y entrar en lugares tan oscuros de la mente inconsciente. Esto no me hace ni "mejor" persona que nadie ni más "espiritual". Solo comparto experiencias. Sin embargo, sé que hay un amor que me lleva de la mano porque pedí recordar ese amor que soy. Durante ese camino, que no asumo que haya terminado, en el que siempre pido ayuda, surgió una hermosa comprensión que me susurraba diciendo:

"Todo lo que estás mirando y atravesando son los obstáculos que tú mismo

*has fabricado ante el amor. Este túnel lo inventaste tú y lo sostienes tú. Yo, que tú crees que soy algo 'aparte' de ti, soy el amor en ti, el recuerdo de lo que tú realmente eres. Por consiguiente, no soy quien desmantela estas murallas, eres tú quien lo está haciendo. Es tu voluntad, no la mía. Solo que aparenta como que hay dos voluntades separadas. Pero eres tú quien lo está haciendo porque ya estás cansado de vivir en la oscuridad. Eres tú quien ha elegido caminar el túnel de salida y eres tú quien se recuerda a sí mismo el amor que te acompaña. Y, según se va desmantelando todo este montaje que has fabricado, no es que vayas a encontrar la luz al final del túnel, sino que vas a reconocerla **¡en ti mismo! ¡Es a ti a quien buscas!** Sé que en momentos puede experimentarse como una experiencia muy dolorosa. Pero solo estás mirando fantasmas, espejismos, imágenes que ante la luz de tu mirada se deshacen. Por lo tanto, continuemos caminando."*

Nunca sé cómo se desenvolverá el día. No sé lo que me depara en ningún momento. Solo sé que estoy abierto a lo que venga, porque estoy listo y dispuesto a mirar. Y no puedo sino sentir un profundo agradecimiento por esa voz que constantemente me recuerda: *"Si supieras Quién camina a tu lado por la senda que has escogido, sería imposible que pudieses experimentar miedo."* T-18.III.3:2 (UCDM).

     Atravesando El Túnel de Terror

¡Soy Un Farsante! ¡Gracias A Dios!

En un principio, esa idea de ser un farsante podría ser mal interpretada. Sería, pues, como decir: *"no confíes en mí, soy un mentiroso"*. Y, sin embargo, ***¡eso es exactamente lo que estoy diciendo***! Solo que esta vez no va mal intencionado. Así que vamos a explorar esta idea de lo que significa ser un farsante.

Lo que realmente Soy, al igual que *todos*, es Conciencia, es Dios, es Amor. Algo menos que eso, tiene que ser una mentira. Así que si me preguntas quién soy "yo" y te digo mi nombre, *"soy Nick Arandes"*, tengo que estarte mintiendo. Si te pregunto quién tú eres y me dices tu profesión, *"soy una secretaria, un médico, una actriz, un terapeuta,..."* tienes, por definición, que estarme mintiendo.

Si me preguntas quién soy "yo" y me identifico con mis sentimientos o actitudes, *"soy una persona feliz, triste, apasionada, depresiva,..."*, tengo que, por definición, estarte mintiendo. Si te pregunto quién "tú" eres y te identificas con tu apariencia física, *"soy linda, soy fea, soy gordo soy flaco,..."*, tienes que, por definición, estarme mintiendo.

Como podemos ver, nos hemos creído una mentira que tomamos como verdad y aunque aparentemos comportarnos como individuos "morales" u "honestos", todo lo que podamos decir sobre nosotros, que sea menos que la Verdad Absoluta, Amor, Dios, Conciencia, *¡es una mentira*!

En ese sentido, *somos unos farsantes*. Y la mentira más grande que la gran mayoría de las personas nos hemos creído es: *"no soy merecedor de ser amado."* Por lo tanto, creerme esa mentira es estar dispuesto a reconocerme como farsante y por eso repito: ***¡soy un farsante!, ¡gracias a Dios***!

Cuando Se Confía En La Vida Todo Se Simplifica

Voy a hacer unas preguntas al azar y contestémoslas lo más honestamente posible.

¿Estoy bien con lo que siento ahora mismo? ¿Sí o no? ¿Tengo la cantidad de dinero suficiente que necesito? ¿ Sí o no? ¿Estoy en una relación con alguien que deseo? ¿ Sí o no? ¿Si no estoy en una relación, estoy bien con ello? ¿ Sí o no? ¿Tengo un empleo que deseo? ¿ Sí o no? ¿Estoy conforme con las condiciones en las cuales se encuentra mi país? ¿ Sí o no? ¿Tengo lo que desearía comer en este momento, o lo suficiente para comer? ¿ Sí o no? ¿Estoy experimentando el estado de salud que deseo? ¿ Sí o no?

Aunque la lista de preguntas podrías ser interminable, paremos aquí.

Las preguntas a las que le contestaste sí pueden ser descartadas. No obstante, a las que contestaste no, pregúntate ¿por qué? Y la respuesta, creámoslo o no, es falta de confianza en la vida. Porque si la vida está a cargo de todo lo que tiene lugar en mi experiencia y las cosas no van como yo quisiera que fuesen, tengo que, por definición, no confiar en la vida. Tengo que , por definición, no confiar en el amor.

Esa actitud de falta de confianza genera dolor, sufrimiento, impotencia, preocupación y cualquier otro concepto que se le pueda adherir al miedo. Esa actitud hace que aparente como que el amor no puede existir, como que el amor me ha abandonado. Pero, por más que sea ignorado, el amor *siempre* está presente porque forma parte del momento presente.

Entonces, cualquiera de las experiencias que estén teniendo lugar, al formar parte del momento presente, forman parte del amor mismo. Ese amor que se pasa por alto porque el momento presente no va acorde a como yo creo que "debería" ser.

Si puedo confiar plenamente en la vida, plenamente en el amor como mi único sustento, sabiendo que todo lo que la vida hace es para bien, aunque quizás no lo entienda, a todas esas preguntas que hice, al igual que a la interminable lista de preguntas que se podrían formular, la contestación sería un rotundo ¡sí!

La conclusión a la que he llegado, que no digo que sea la correcta, pero la siento muy congruente, es que si hay sensaciones, emociones, sentimientos y no deseo sentirlos, querré evadirlos, evitarlos, suprimirlos. Y la manera en que la mente hace eso es fantaseando sobre cómo quisiera que las cosas fuesen. Y, de nuevo, ese es el rechazo al momento presente, ese es el rechazo al amor por falta de confianza.

Cuando, no obstante, aprende uno a aceptar cada experiencia sin deseo alguno de que fuese diferente, las historias que la mente pudiese fabricar, inmediatamente, pierden todo su poder.

¿Implica esto que si los deseos surgen deberían ser ignorados? Mi experiencia es que cuando los deseos surgen se observan y si hay la inclinación de moverse en dirección hacia ellos, se hace por el mero disfrute de hacerlo. No hay expectativa. Lo único que hay es el disfrute de lo que está teniendo lugar en el momento. Y aunque pueda surgir la curiosidad de ver hacia dónde nos lleva, se ve como una aventura sin apego a resultados.

Ahora entramos en un nuevo estado de comprensión, en el que nos damos cuenta de lo pasajero de cada experiencia, de lo pasajero de cada sentimiento. Y, si por encima de ello podemos aceptar con toda certeza que el amor presente constantemente nos ofrece regalos que sólo sirven para ponernos en contacto con nuestra inocencia, con nuestra dicha, con nuestra paz, donde no hay necesidad de proyectar un futuro que creamos pueda ser "mejor" que este instante, la vida es una aventura.

Y cuando haya sensaciones que puedan ser incómodas, tales como tristeza, apatía, melancolía, sufrimiento, que no estoy insinuando que deba uno sentirse contento cuando esas sensaciones estén ahí, la confianza plena en la vida misma nos ayuda a vivirlas. Sabiendo que todo obra conjuntamente para el bien, cuando hay esa confianza en el momento presente, cuando hay esa confianza en la vida, aunque la mente pueda fabricar historias, ahora se convierten en música de fondo y dejan de ser distracción de la experiencia presente. Dejan de ser distracción del amor que ahora mismo está presente. Y, si alguna requiere de nuestra atención, se atiende, pero sin resistencia. Solo se mira con comprensión, con acogimiento, con bondad. Se atiende como si fuese un niño que llora, un niño que lo que necesita es un abrazo, no un tortazo.

¿Dónde está ahora la complejidad? ¿Dónde está el problema? Lo único que existe es apertura. Lo único que existe es posibilidad. En ocasiones, cuando me siento mal y la mente quiere fabricar una historia sobre posibilidades, vuelvo a recordar que ese sentimiento está ahí porque la vida me está llevando a atenderme. Entonces, hasta sentirme mal es beneficioso.

¿Cómo no sé si sentirme mal fue lo que me llevó a no salir de casa y, por consiguiente, no terminar involucrado en un accidente de tráfico? ¿Cómo no sé si sentirme mal fue lo que me llevó a no comer algo que hubiese querido comer y que, a su vez, me hubiese hecho daño? ¿Cómo no sé si sentirme mal fue lo que me llevó a no decir algo a alguien cuya consecuencia no hubiese sido nada beneficiosa? ¿Cómo no sé si sentirme mal fue lo que me llevó a un estado de total humildad y vulnerabilidad para rendirme completamente de manera que, por primera vez, pudiese abrirme a una Sabiduría en mí ignorada? Si pudiésemos darnos cuenta de que todo es orquestado por el amor mismo para beneficio del amor mismo, no habría cabida para que el miedo existiese.

Los hechos son, lo acepte o no, que ahora mismo estoy donde tengo que estar, estoy con o sin quien tenga que estar, tengo exactamente lo que tengo que tener, hago exactamente lo que tengo que hacer; si es que hay algo que se tenga que hacer, siento lo que sea que tenga que sentir y si lo resisto, sufro. Por lo tanto, la oración con la que empiezo cada día es: *"que se haga en mí Tu Voluntad"*.

El resto es un misterio al que, con los brazos y con mi corazón abiertos, le doy la bienvenida.

¿Qué Significa Vivir?

Vivir significa eso ¡*vivir*! Y solo se experimenta en el momento presente, que es el *único* que hay. El problema surge cuando el vivir es reemplazado por la interpretación. Entonces se deja de estar viviendo y se la pasa uno interpretando. La interpretación es lo que hace del vivir una experiencia dolorosa o placentera. Pero el vivir continúa independientemente de nuestras interpretaciones.

Entonces ¿por qué se le da tanta importancia a las interpretaciones y se pasa por alto el vivir? Por el miedo a la muerte. Siempre que exista ese miedo, el vivir será un constante proceso de interpretaciones para que me alejen de no tener que pensar en la posibilidad de morir. Cuando el miedo a la muerte se desvanece, la vida se acepta tal y como viene.

Se acepta el dolor, al igual que el placer, como una experiencia vivida, no interpretada. La tristeza, la apatía, el resentimiento, la ira, la depresión y cualquier derivado de lo que se podría considerar una experiencia dolorosa se vive. Ahí no hay miedo, no hay sufrimiento. Lo que hay es vida pura. De la misma manera, el placer, la adrenalina, la excitación, cualquier derivado de lo que se podría considerar una experiencia placentera se vive igual.

Ese es el "secreto", por no saber qué otra palabra utilizar, de lo que la felicidad es, de lo que la paz es. El miedo a morir todo lo que hace es llevar a la mente a un pensamiento futuro. Un pensamiento futuro que ¡*no existe*!, porque lo *único* que está teniendo lugar es ¡el *momento presente*! Y, de nuevo, si el momento presente no se vive y simplemente se niega, vive uno arrastrado por la polaridad. Y la polaridad es el vaivén entre el dolor y placer, en el que no hay paz.

Cuando empieza uno a abrirse a vivir la vida tal como se presenta, se da uno cuenta de que todo movimiento, sea doloroso o placentero, es pasajero. Y lo curioso del caso es que, ya soltando el miedo a la muerte que, de nuevo, la muerte no puede existir en el momento presente mientras sea uno consciente, la vida se puede convertir en una aventura. Imagínate lo que sería estar experimentando un movimiento, llamémoslo apatía y, en vez de sentirte mal por ello, le das la bienvenida, lo exploras, lo vives completamente, sin importarte lo que pueda tener lugar en el "futuro". Te conviertes como en un científico que estudia meticulosamente un tipo de planta. Toda su pasión, todo su enfoque está ahí. Eso es estar presente, estar viviendo.

Eso es lo que podríamos hacer con todas nuestras emociones y movimientos que surgen. Luego, el movimiento se va y es reemplazado por otro en la polaridad. Y disfrutas de ese nuevo movimiento, solo que no te apegas a él. Estás viviendo. Eso es este momento. ¿Surge miedo? Explóralo, vívelo, siéntelo, experiméntalo. Eso es vivir el presente. Eso es vivir. Eso es ser feliz.

Con esa actitud en pie ¿qué tipo de movimiento podría tener lugar en nosotros que no fuese bienvenido? Esta forma de vida, prestando atención a la experiencia presente, viviendo la experiencia tal como se presenta, es lo que permite que la mente no divague hacia el futuro o hacia el pasado. En ese sentido, creámoslo o no, desaparece por completo la identificación con un "yo". Solo cuando la mente interpreta cualquier experiencia presente y la lleva a un "futuro" o a un "pasado" tiene que adherírsela a un "yo". "Yo" me siento preocupado por lo que a "mí" me pueda ocurrir. "Yo" me siento culpable por lo que "yo" hice. Pero cuando uno está presente totalmente, inmerso en la experiencia, llámesele placentera o dolorosa, dejando de pensar en términos de "yo" estoy sintiendo esto, tal como el científico que estudia esa nueva planta, él está arropado por la experiencia misma, no hay un "yo" haciendo nada. Lo que hay es un "haciendo".

Observo que cada vez que me pongo a escribir siento como que desaparece el "yo" que escribe y lo que hay es la experiencia misma de escribir. Solo cuando me trato de esforzar en escribir es que la inocencia del momento presente se pierde. Es por eso por lo que observo cada vez más que al experimentar cada movimiento que surge, si lo despojo de interpretaciones, de significados, estoy viviendo.

Si no me gusta lo que siento, e intento evadirlo o suprimirlo, aunque el cuerpo esté respirando, no estoy viviendo, estoy muriendo. Porque la realidad es que no quiero vivir. Pero la vida, constantemente, me enseña a aprender a vivir. Y sentir todos los movimientos de la vida es parte de lo que es vivir. Así que, como dice la canción: *"Voy a reír, voy a bailar / Vivir mi vida la la la la…"*. Y, si no le temo a la vida y estoy dispuesto a vivirla completamente, también se le puede añadir: *"Voy a sentir, voy a llorar / Vivir mi vida la la la la…"*.

     ¿Qué Significa Vivir?

El Miedo al Rechazo

Si miramos el rechazo más detenidamente podemos darnos cuenta de que no le tenemos miedo al rechazo. A lo que se le teme es a *sentirse* rechazado. Así que vamos a explorar esto un poco más a fondo. El rechazo que siento que va dirigido hacia mí es, simplemente, el rechazo mío hacia mí mismo. Solo que, para no ser consciente de ello, lo percibo como que viene de "afuera".

Ni el mundo ni nadie me rechaza. Pero cuando me siento rechazado es porque ese deseo profundo de sentirme rechazado está, consciente o inconscientemente, escondido en mí y de la *única* manera que puedo ser liberado de él es *sintiendo* el rechazo, no evitando situaciones en las que pueda sentirme rechazado.

Esas situaciones o experiencias de las que huyo por miedo a sentir el rechazo, todo lo que hacen es *alimentar* más y más el rechazo que siento hacia mí mismo. Es un callejón sin salida. Sin embargo, cuando me siento bien conmigo mismo, en otras palabras, cuando dejo de rechazarme a mí mismo, no es que deje de ver en el mundo gente que me rechace, sino que lo que ocurre es que cualquier rechazo que aparente venir de afuera no se toma como algo personal. Se ve, simplemente, como el rechazo que esa persona siente hacia sí misma. Ahora no se genera un sentimiento de dolor, sino que es un espacio de compasión hacia esa persona.

La pregunta es: ¿cómo me acepto a mí mismo, cómo me libero del rechazo? O mejor dicho: ¿cómo me libero del sentimiento que genera la sensación de rechazo en mí? Entrando en contacto con ese sentimiento de rechazo, no para "liberarme" de él, sino para amarlo.

¿Qué implica esto? No que tengo que ir a buscar situaciones en las que se me rechace para poder entrar en contacto con ese sentimiento, sino, más bien, prestar mucha atención cuando ese sentimiento surge, ya sea a raíz de una interacción con alguien o de cualquier experiencia que esté teniendo lugar y que, de una forma u otra, me ponga en contacto con ese sentimiento. Se toma ahora completa responsabilidad de que el mundo, de que la experiencia, sea persona, situación, etc., no es la causa de cómo me siento, sino que, más bien, lo que me pone es en contacto con esa sensación cruda en mí. Agradezco profundamente esa experiencia por haberme puesto en contacto con el sentimiento y me quedo con ese sentimiento sentido ¡*en las tripas*!

No pretendo que se vaya. No lucho con ese sentimiento. No me juzgo por sentir ese sentimiento. Simplemente, de nuevo, lo acojo, lo abrazo, me quedo con ese sentimiento que toda mi vida he ignorado y rechazado para que, por primera vez, pueda ser acogido y amado.

Así es como esa sensación se va integrando para formar parte de la totalidad que soy. Esa totalidad de la que estamos hablando es amor. Esto no es intentar "superar" nada. Aquí no se está superando la sensación de rechazo, se está *acogiendo*, se está *integrando*, se está *amando*, de la misma manera que se aman *todas* las sensaciones que surjan. Dado que somos amor, cualquier aspecto que rechace de mí mismo es un rechazo al amor que soy.

Una vez que eso se va integrando en nosotros, se refleja en la manera en la que nos relacionamos con el mundo. Ya el mundo deja de ser un lugar temeroso en el que pueda sentirme rechazado. Siendo parte de mí, se convierte en un lugar en el que me siento aceptado, en el que me siento amado, en el que me siento acogido. Y todo lo que hago con esas escenas o experiencias que tienen lugar en el mundo y que en un pasado suscitaban ese sentimiento de rechazo en mí, como compartí anteriormente, es sentir un amor tan profundo hacia cada una de esas partes *mías*, las cuales, al no ser conscientes de su propio amor, se rechazaban a sí mismas.

En ese sentido, y solo en ese sentido, me puedo convertir en la luz que ilumina el camino de aquel que se rechaza a sí mismo, no porque intelectualmente entienda estos conceptos, sino por ser un ejemplo.

Ese es el regalo que se le puede ofrecer a cada hermano. Pero para que ese regalo pueda ser extendido, tengo primero que aceptarlo en mí. Y, de nuevo, solo puedo aceptar el regalo cuando abrazo mi experiencia presente, en este caso, cuando abrazo ese sentimiento de rechazo llenándolo de amor. Pues, a final de cuentas, ese rechazo *no es* mi "enemigo". Es, simplemente, la parte de mí que se me olvidó amar y que sale a la superficie, una y otra vez, no para hacerme "sufrir", no para hacerme "daño", no para hacerme "sentir mal", sino para que pueda ver dónde todavía no estoy sintiendo amor hacia mí mismo y poder permitir que el amor sane todas y cada una de mis heridas.

Cuando se mira de esta manera, el sentimiento de rechazo es bienvenido. Incluso cualquier sensación de miedo, cualquier sensación "negativa" es bienvenida porque su propósito ha cambiado. Todo es bienvenido cuando el deseo más profundo es recordar el amor que soy. Solo cuando no tengo claro ese propósito es que las sensaciones incómodas se evaden.

Antes de concluir este escrito, vamos a explorar otro aspecto del rechazo que, generalmente, tiende a salir más a menudo y es cuando deseo a una persona, pero por miedo al rechazo prefiero no hacer nada. Esto me recuerda cuando me gustaba alguna mujer y por miedo a ser rechazado no le dirigía la palabra, o cuando iba a un baile, por temor a ser rechazado, no sacaba a nadie a bailar. ¿Puedes tú relacionarte con este escenario?

Después de todo el camino recorrido, ese miedo a ser rechazado por alguien se cae cuando, al sentirse uno bien consigo mismo, no se encuentra uno necesitado. El que me guste esa persona o el que me sienta atraído por esa persona y querer hablar con ella, antes traía una carga de necesidad que era lo que generaba el deseo de querer contactar con ella. Esa carga de necesidad tiende a generar expectativas. Si me gusta la chica, quiero que sea mi pareja, no quiero que se vaya con nadie, quiero que estemos juntos siempre, no quiero que me haga daño,… Y, aunque sí se diera la interacción de pareja, la misma sacará a la superficie todos los miedos escondidos que tienen lugar cuando empieza uno a intimar, solo que, en el momento de la atracción no se percata uno de ello porque la mente está totalmente hipnotizada por el deseo mismo de desear a esa persona. Ese deseo, simultáneamente, genera el miedo a ser rechazado. Así que, mejor no hago nada.

Pero cuando ese deseo se puede mirar inocentemente, sin expectativa de nada, dado que me siento bien conmigo mismo y no estoy buscando a una pareja que me "complete", lo curioso del caso es que el miedo al rechazo deja de existir. Ahora lo que se observa es un impulso que, si es lo suficientemente fuerte como para llevarme a tomar la acción de acercarme hacia esa persona, lo hago para explorar cuál es la razón por la cual me siento atraído. No hay expectativa de nada, solo la curiosidad de ver por qué la vida me está llevando en esa dirección. Si la persona no quiere hablar conmigo, lo veo como una anécdota que tuvo lugar. Si la persona termina hablando conmigo, el campo de las posibilidades se abre, no porque yo desee algo de ella, sino porque es lo que naturalmente va a ocurrir.

Otra de las cosas que tiene lugar cuando se comprende que todo lo que ocurre es orquestado por la vida misma, es que la necesidad de ir en pos de "conquistar" a alguien, solo porque surge el deseo hacia esa persona, se cae por su propio peso. Porque tengo claro que si esa persona tiene que estar en mi vida, la vida buscará la manera de que ese encuentro tenga lugar. En otras palabras, lo que quiero decir es que, cuando surge un deseo hacia algo y se mira inocentemente, libre de expectativas, no puede haber cabida para el sentimiento de rechazo.

En resumidas cuentas, siempre y cuando me sienta rechazado, que recuerde que es el rechazo que surge de mí hacia mí mismo lo que siento. Y, ahora, es solo cuestión de amarlo, pues ese amor que surge de mí hacia mí mismo es el deseo profundo por recordar que soy amor. Y ese es el regalo que nos ofrece esa sensación de rechazo, la cual no era nada más que un impulso, una sensación distorsionada del amor mismo.

Ahora vives enamorado de todas tus sensaciones, de todo lo que surge, de todo lo que acontece, porque al formar parte de la totalidad, y tú siendo parte de ella, todo lo que ocurre tiene que, por definición, formar parte de ti. Y preguntas: ¿pero qué hay de los terroristas, de los criminales, de la injusticia…? Al igual que el sentimiento de rechazo, ¿qué sentimientos esas imágenes generan en ti? Acoges el sentimiento y, gracias a "ellos" ¡*sanas TÚ*!

Detrás de Cada Sentimiento Está la Paz

Esto es algo que he ido experimentando cada vez más en los últimos meses, a raíz de un sinnúmero de experiencias vividas, en los que tantos conceptos han sido expuestos y memorias escondidas han salido a la superficie. Todo eso ha generado una gran cantidad de sentimientos que, de no haber sido por esta comprensión, me hubiesen desbordado y destrozado.

También soy consciente de que el amor que dirige todos y cada uno de mis pasos supo prepararme, sabiendo el momento en que estaba listo para mirar todas esas heridas profundas que ahora tocaba sanar. Por lo tanto, éste para mí es un, y me atrevería a decir, el tema más importante que explorar.

Empezando por establecer la premisa de que la paz es lo que realmente soy (somos), los obstáculos a ella surgen como movimientos sentidos. No como imágenes vistas, no como sonidos escuchados, no como palabras leídas, simplemente, como movimientos sentidos. Porque si exploramos más a fondo lo que estoy hablando, es obvio darse uno cuenta de que las imágenes, los sonidos, las palabras, sea lo que sea que esté teniendo lugar, sin un sentimiento adherido a ello, no se experimentarían como un problema.

No te pido que creas en lo que estoy diciendo. Te pido que hagas la prueba tú mismo para que puedas ver cómo tu experiencia corrobora lo que acabo de decir. Por ejemplo, digamos que un ser querido murió hace muchos años y su recuerdo ya no mueve nada en ti. No estoy diciendo que no lo hayas querido. Pudo haber sido tu madre, tu padre, tu hermano, tu abuelo, tu abuela, tu amigo, tu hijo, sea quien sea que de veras hayas querido, solo que, dado el tiempo trascurrido no se generan en ti sentimientos ni de tristeza ni de dolor, a menos que todavía haya residuo de algo que se necesite perdonar, que no se haya sanado en ti. Y si ese es el caso, este ejercicio no te servirá, solo por ahora, hasta que esa herida haya sido sanada.

Continuando, trae ahora mismo la imagen de ese ser querido a tu mente. Como puedes ver, esas son imágenes visuales. Pero como no hay sentimiento alrededor de ellas, dado que no se les está proyectando significado, no se les está proyectando culpa, no se experimenta una pérdida de paz. Esto corrobora, una vez más, mi planteamiento que dice que nada tiene poder alguno de quitarnos nuestra paz, salvo cuando se experimentan sentimientos. Entonces, la razón por la cual se dificulta ser consciente de esa paz que somos es que cuando los sentimientos surgen, sobre todo esos que se experimentan como extremadamente dolorosos (y el placer también cae dentro de esta ecuación, solo que, por ahora, voy a poner el enfoque en los que duelen, dado que el ser humano ha sido condicionado genéticamente, al igual que socioculturalmente, a evitar el dolor y a buscar el placer), son una distracción imposible de ignorar.

Siendo el dolor y el placer dos caras de la misma moneda, los dos evocan sensaciones que no nos permiten ver lo que está detrás de ellas. Y eso que está detrás de ellas es la paz que tanto se busca y que, por consiguiente, no puede ser encontrada.

Volviendo a mi experiencia, observando, como cuando acojo y le doy la bienvenida a cualquier sentimiento que surja, es como si el mismo dejara de tener su poder, por lo que entonces puedo ser consciente de la paz que se encuentra detrás de ellos. Solo que, como hay una resistencia tan grande a esa paz debido a la fuerte identificación que tengo con mi experiencia física, hay que traer mucha conciencia a esta práctica. Es tan fácil quedarse enredado en la telaraña entre el placer y el dolor que cuando empieza uno a emprender este camino del deshacimiento del miedo puede empezar a sentirse culpable por creer no estar haciendo "bien" su trabajo.

Pero tenemos que ser conscientes de que la evasión del dolor y la búsqueda del placer son un condicionamiento instalado desde que tenemos uso de razón y aun antes, siendo nuestra manera habitual de vivir. Por lo tanto, primero estos conceptos se entienden a nivel conceptual. Luego, según se hace el trabajo, se van llevando al nivel experiencial. Este proceso, según el condicionamiento, según la resistencia, en fin, según el guion de cada uno, va a tomar el tiempo que sea necesario. Y es muy importante *no intentar comparar nuestro camino con el de "otros"*.

Entonces, la paz, siendo lo que soy, no la busco, sino que la soy. Cada sentimiento que surge a raíz de una interpretación consciente o inconsciente, primero se libera de cualquier historia que la mente quiere fabricar para sostener ese sentimiento y, segundo, lo que ahora toca es permitirle ser. Sentirlo, acogerlo, abrazarlo, amarlo. *¡No hay nada más que hacer!*

Esto es lo que permite que nuestra Sabiduría Interna, o llámesela Sabiduría Universal, pueda transformar ese sentimiento a raíz de un cambio de mentalidad. Ese cambio de mentalidad, o cambio de percepción, nos lleva a una comprensión en la que el sentimiento deja de ser un obstáculo para la paz subyacente que está siempre ahí. Esa paz nunca cambia. Los sentimientos, si se les permite ser sentidos sin interpretarlos, como nubes pasajeras continúan su rumbo sin perder de vista la paz que se encuentra tras ellas.

Utilizando la analogía del cielo y de las nubes, si uno deja de enfocar a las nubes, nunca pierde conciencia de que, aunque aparentan nublar el cielo, el cielo está siempre presente y nunca cambia. Las nubes, que son pasajeras y que según nacen también se disuelven, son las que cambian.

Cuando una nube (sentimiento) aparece y es percibida, no puede negarse su aparente existencia. Pero puede ser reconocida como lo que es, y así nunca se pierde de vista la permanencia del cielo (paz). Ahora toda sensación es bienvenida. De la misma manera que el cielo no se deja distraer por las nubes, solo las observa, la paz que somos no se deja distraer por las sensaciones, solo las observa.

En ocasiones surgen imágenes, memorias, creencias que necesitaban ser vistas para que una sanación pueda continuar teniendo lugar. A eso se debe que haya diversas formas de terapia. Y todas y cada una de ellas, siendo inspiradas por el amor mismo, aunque no son la Verdad, sirven para remover obstáculos mientras va uno abriéndose a la Verdad.

El escrito titulado, **_"El Miedo al Rechazo" (página 79)_**, surgió a raíz de una catarsis que tuvo lugar en mi vida. Me encontré en una tesitura donde sentí ese profundo sentimiento de rechazo. Y, aunque el primer impulso fue reaccionar, algo en mí eligió sentarse en el sofá y sentir esos sentimientos de rechazo. Para mi sorpresa, pude ver cómo toda mi vida le he temido a ese sentimiento, me la he pasado huyendo de él, pero al verlo de frente, y esta vez permitirme acogerlo y abrazarlo, _sentirlo_, fue una experiencia transformadora que no puede ser explicada en palabras.

Es por eso por lo que tengo en cuenta siempre que, aunque pueda utilizar palabras como señaladores para compartir este mensaje, cada cual tiene un guion que necesito respetar. Los que estén listos para sentir, sentirán. A los que no estén listos para ello, siendo conscientes de lo doloroso que esto puede ser, la vida buscará la manera de irlos preparando para que, cuando llegue ese momento, puedan entrar en sus sentimientos más profundos para dejar de temerlos y volver a contactar con esa paz subyacente, esa que está detrás de todo sentimiento.

¿Es Posible Vivir Sin Miedo?

Cuando hablo de vivir sin miedo no implica que sensaciones de miedo no surjan. Lo que hablo es de cómo se experimentan. Una persona que sea consciente no implica que no sienta miedo, lo que sí implica es que no se siente paralizada por él. Tenemos que recordar que la experiencia humana es la experiencia de miedo porque es la experiencia de una aparente "separación". Lo único que está libre de todo miedo es nuestra esencia como Amor, como Unidad, como Totalidad. Es decir, lo único que no experimenta miedo es Dios. *Todo* ser humano experimenta miedo por formar parte del sueño. Esto me recuerda un extracto de *Un Curso de mMilagros* que dice: "*Los sueños que te parecen gratos te retrasarán tanto como aquellos en los que el miedo es evidente.* **Pues todos los sueños son sueños de miedo**, *no importa en qué forma parezcan manifestarse. El miedo se ve adentro o afuera, o en ambos sitios. O puede estar oculto tras formas agradables.* **Pero nunca está ausente del sueño, pues el miedo es el elemento básico de todos los sueños.**" T-29.IV.2:1-5.

Mucha gente confunde la idea de una persona "valiente" con una que no tiene miedo, por el mero hecho de ser muy "atrevida", o de que haga cosas que para la mayoría puedan ser percibidas como "heroicas" o desafiantes. Por ejemplo, alguien que escala montañas sin cuerdas, un boxeador que se sube al ring con cualquiera, un individuo que constantemente toma riesgos sin temerle a las consecuencias, un artista que camina sobre una cuerda a 100 metros de altura, etc. Sin embargo, siente celos si su pareja habla con otros: ¡*eso es miedo*! O le grita a su hijo por no hacer las cosas como él o ella le pidió: ¡*eso es miedo*! O siente impaciencia porque va llegando tarde al aeropuerto: ¡*eso es miedo*! Y puedo hacer una lista interminable de razones por las cuales esa persona puede experimentar miedo. Y todo eso tiene lugar a raíz de creer ser un ser humano.

Si me haces la pregunta: "*¿Nick, tú experimentas miedo?*" mi respuesta seria, "*¡claro que sí!*". Cualquier sentimiento, por muy sutil que sea, que pueda tener un efecto sobre mi paz interior es miedo. La diferencia es, según la mente va sanando, se deja de temer al miedo mismo. Se le deja de temer a cualquier sensación que surja.

El sistema de pensamiento del ego, que es el que se adueña de todos estos conceptos espirituales, intenta aplicarlos al mundo de las formas buscando la manera de fabricar seres humanos "perfectos" (libres de miedo). Pero es imposible que un ser humano sea perfecto porque el ser humano, o digamos, la experiencia "humana", es lo que da testimonio de la imperfección. Lo único que es perfecto es Dios, es nuestra Esencia y mientras la mente se mantenga identificada con una parte de la totalidad, con un "yo", esa imperfección, por definición, *es miedo*.

Toda enseñanza que apunta hacia la Verdad no intenta "perfeccionar" al ser humano. Todo lo que hace es hacernos consciente de que su realidad no es ser un "ser humano". Si acaso, para efectos de intentar utilizar una manera de describir lo indescriptible, su realidad es aquello que proyecta al ser humano.

Por consiguiente, la experiencia de vivir sin miedo dentro del contexto en el que nos encontramos, no es autoengañarme creyendo que nunca experimento miedo. Es, más bien, mirar al miedo de frente, reconocer que es solo una sensación, dejar de proyectarle significado y, por consiguiente, poder tomar conciencia de mi esencia como mente y no como cuerpo.

Como podemos ver, esta práctica no hace que, en un principio, no se sienta miedo. Lo que hace es que permite que el miedo deje de tener poder sobre nosotros.

     ¿Es Posible Vivir Sin Miedo?

Silencio No Es Ausencia de Ruido, Es La Ausencia de Juicio

Cuando me levanto en la mañana la mente empieza a hacer ruido. Un pensamiento surge que dice: *"mira el móvil"*. Y me encuentro dirigiendo la mano hacia el móvil para mirarlo. En otras ocasiones el pensamiento podría ser que vaya al baño. En otras ocasiones podría ser siéntate a meditar. En otras ocasiones podría ser ve a la cocina y prepárate algo. Lo que quiero decir es, no tengo ni idea del primer pensamiento que surgirá, pero sea cual sea, es la mente haciendo ruido. Solo que a ese tipo de pensamientos no se les considera como ruidosos porque no generan preocupación. No obstante, si el pensamiento que surgiese fuese etiquetado como preocupante, a eso se le considera una mente ruidosa.

Según el día se va desenvolviendo, me encuentro ahora interactuando con el ruido que se percibe "afuera". Gente que contacta conmigo, o yo contactando con ellos, el ruido de la ciudad y todos los pensamientos acerca de todas y cada una de mis experiencias. En otras palabras, el ruido no solo deja de ser interno, sino que ahora aparenta como que es externo.

Luego queremos darnos un espacio para experimentar "silencio". Los que nos sentimos más inclinados a un camino "espiritual" le podríamos llamar meditación. De lo que no nos damos cuenta es de que es imposible vivir sin ruido. Aun si me escondo en una cueva a meditar, o me voy al campo o a la playa para alejarme del bullicio de la ciudad, aunque me pueda alejar del ruido externo, sigo lidiando con los pensamientos que surgen en la mente, que es el equivalente al ruido interno. Como podemos ver, el silencio se imposibilita.

Pero si tomamos conciencia de que el silencio del que estoy hablando es la liberación de todo juicio, dicho de otra manera, es soltar interpretaciones personales sobre todo lo que se percibe, pensamientos, situaciones, sensaciones, etc., la mente no va a poder sino experimentar silencio ¡*en todo momento*!

Porque el ruido *no tiene nada que ver* ni con los pensamientos ni con los sonidos. Tiene que ver con la *interpretación* que se hace de ellos.

Por consiguiente, para experimentar silencio no hay ni que meditar ni que escapar a las montañas o al mar, no hay que esconderse en una cueva ni buscar un paisaje especial. Se puede experimentar el silencio en medio de una ciudad llena de actividad (llena de ruido). Se puede experimentar en medio de cualquier experiencia, hasta con una mente llena de pensamientos. Solo con poder abrirse a cada momento y vivirlo tal y como se desenvuelve sin resistirlo, sin adherírsele una historia, aunque haya ruido, se vive en paz.

Mi Bendita Ignorancia

Si hago la pregunta *"¿qué significa la preocupación?"*, generalmente, la contestación es miedo a lo que pueda suceder, miedo a la incertidumbre, en fin, miedo al futuro. Podría también preguntar *"¿qué significa la culpa?"*. Y la contestación general es sentirme mal por algo que hice o que tuvo lugar en el pasado.

Sin embargo, la culpa, al igual que la preocupación, no son nada más que pensamientos interpretados que están teniendo lugar en la experiencia presente. Y las interpretaciones surgen de una mente que cree que "sabe". Cree que sabe lo que podría tener lugar en un futuro de la misma manera que cree saber las razones por las cuales lo que haya sucedido en el pasado tuvo lugar. No obstante, independientemente de lo que crea "saber", los hechos son que lo único que está teniendo lugar es *la experiencia presente*.

La ignorancia, en el contexto en el que aquí se está utilizando, nos invita a vivir esta experiencia presente *libre de interpretaciones basadas en nuestro condicionamiento*. Esa actitud nos libera de la culpa y de la preocupación. Es, curiosamente, la actitud que nos permite experimentar la paz y la felicidad que ahora mismo se encuentran en esta experiencia presente, *la única que existe*. Una mente ignorante es una mente feliz. Una mente que cree que sabe es propensa a la culpa y a la preocupación, en fin, al miedo.

Es curioso cuando vemos a una persona con retraso mental y la juzgamos como "incapacitada" o "ignorante". Sin embargo, al esa persona no interpretar, dada su "incapacidad", sabe algo que nosotros, los que "creemos saber", no sabemos, y es ser feliz. Como podemos ver, la paz, la felicidad no es un misterio, es un hecho que tiene lugar en este momento, el único momento que hay, si estoy abierto a dejar a un lado todo lo que creo "saber" y empiezo a vivir desde mi *bendita ignorancia*.

Lo que acabo de compartir puede que haga sentido. Sin embargo, la pregunta que suscita esto es: *"¿qué se requiere para aprender a vivir desde la bendita ignorancia?"*. Resumido en una sola palabra: confianza. Es imposible asumir esa bendita ignorancia si no hay confianza. Porque para que esa actitud tenga lugar, primero que nada, tengo que ser consciente de que la mente intelectual, esa que creo que me puede ofrecer algún tipo de respuesta, *¡no sabe absolutamente nada!*

Eso genera miedo porque lo que la mente intelectual hace en todo momento es interpretar. Necesita hacer eso, pues de lo contrario se aterroriza, dado que necesita mantener algún "control", el "control" que, en realidad, nunca ha tenido. Y aunque nuestra experiencia es que no controlamos nada, aun así, seguimos intentamos controlar la vida. ¡Qué terca es la mente! La mente interpreta para tratar de sentirse en paz. Lo que ocurre es que la mente no sabe lo que es la paz. La paz de la que estamos hablando es una rendición total al momento presente, libre de interpretaciones sobre el futuro, al igual que sobre el pasado, descansando en la confianza de que todo lo que ocurre es perfecto y es para el bien.

No intenta entender nada de lo que ocurre ni controlar nada para sentirse "segura". Se abre a cada experiencia presente y la vive completamente. Y hemos tenido prueba de ello una y otra vez. Cada vez que nos rendimos, cada vez que soltamos, tenemos la experiencia directa de esa paz y no lo podemos negar. Pero, de nuevo, aun así, no hay confianza. El condicionamiento se apodera de la mente y vuelve otra vez a creer que "sabe", por consiguiente, intenta controlar lo incontrolable.

Pero hay otro detalle, el más importante, y es la raíz de todo miedo, el que no permite que esa confianza de la que estoy hablando pueda tener lugar. Y es el miedo a la muerte. La mente intelectual quiere hacer sentido de todo, quiere intentar controlar todo, porque esa "seguridad" es una forma de protegerse de no morir. Aquí es donde se profundiza en este trabajo. Aquí es donde la pregunta relevante es: "*¿Qué Soy, o Quién Soy?*".

Si soy consciente de que lo que realmente Soy es Aquello que es ilimitado, que no tiene principio ni fin, que simplemente Es, la experiencia humana se experimenta ahora como una anécdota que tiene lugar que, a su vez, no afecta en absoluto a eso que realmente Soy. Ahí es que se deshace el miedo a la muerte y se es consciente de que lo que realmente Soy es *la vida misma*. La vida, desde esta nueva perspectiva, deja de ser "mi" vida. Ahora es "la vida". Y yo solo soy una experiencia. Una experiencia de vida, no una experiencia "humana".

Sin embargo, la experiencia humana aparenta ser "mi realidad". Volviendo entonces a lo práctico de este escrito, mientras soy consciente de esta experiencia humana, puedo aprender a vivir desde esa bendita ignorancia. Y para ello necesito entonces cambiar mis prioridades. Si mi prioridad se convierte en la paz interior, la mente puede hacer la transición de soltar su apego a las creencias y abrirse a la bendita ignorancia por el mero hecho de que al hacer eso experimenta paz interior.

¿Quién querría sostener sus creencias, sean cuales sean, si no experimenta paz interior? Según el deseo por la paz se va asentando en la mente, la culpa y la preocupación empiezan a tomar gradualmente un segundo plano, siendo reemplazados por vivir cada experiencia presente libre de interpretaciones.

El miedo ahora es reemplazado por el amor, es reemplazado por esa sonrisa que cada vez más quiere dejar de saber para poder disfrutar de lo que es vivir inmersos completamente en la bendita ignorancia.

Ahora la vida es *excitante*. Todo es nuevo. No sé qué va a tener lugar en el próximo instante, pero sí sé que es lo mejor que pueda tener lugar. Creo que voy a ir a la izquierda y me encuentro yendo hacia la derecha. Creo que voy a hacer una cosa y me encuentro haciendo otra. Surgen sentimientos y sensaciones y, en vez de ser rechazados y juzgados, son explorados como un niño que, cuando llega un objeto, sin tener idea de lo que es, lo observa, juega con él y luego lo deja un lado.

Cuando sabes que eres la Totalidad, cuando sabes que eres Vida, cuando sabes que nada está separado de ti, no hay nada que buscar, no hay nada que "atraer", porque todo forma parte de ti. Y llega lo que llega en cada momento en función de lo que se necesita en ese momento, no en un momento "futuro". Una de las frases de la Biblia que tuvo un impacto muy profundo en mí es: *"Mirad las aves del cielo, que no siembran, ni siegan, ni recogen en graneros; y vuestro Padre celestial las alimenta. ¿No valéis vosotros mucho más que ellas?"* [Mateo 6:26]. ¿Qué implica esto? Que, lo crea o no, ahora mismo tengo todo lo que necesito *¡para este momento!*

Si creo que necesito más de lo que tengo ahora mismo no estoy reconociendo mi bendita ignorancia y, por consiguiente, no puedo vivir en paz, no puedo ser feliz. Porque la idea de que necesito más es de la mente que "cree que sabe" y proyecta la idea de que si tengo más de lo que ahora mismo tengo, mi "futuro" está "asegurado". Ese "futuro" no existe, dado que es simplemente un pensamiento que está teniendo lugar en este momento presente, *el único momento que existe.*

Siento que el regalo más preciado que la vida me ha estado haciendo, y que agradezco con todo mi corazón, es el hacerme consciente, cada

vez más, de que no sé absolutamente nada, para abrirme a vivir la
vida desde *mi bendita ignorancia*.

El Deseo Más Profundo...Investígalo

El deseo más profundo de todo ser humano, creámoslo o no, es aprender a estar en paz con Lo Que Es. Observemos que no dije estar en paz con Lo Que Es, dije, *aprender* a estar en paz con Lo Que Es. Porque todo lo que hemos aprendido es a intentar controlar, manipular, cambiar nuestras circunstancias para, "entonces", poder estar en paz. Y eso es poner la carreta en frente del caballo.

Aprender a estar en paz con Lo Que Es tiende a experimentarse, en un principio, como una tarea tan difícil dado que la mente está tan condicionada a intentar "controlarlo" todo, creyendo que de esa manera va a experimentar "seguridad". Pero después de tantos años intentando controlar la vida y encontrándose una y otra vez con la constante frustración de que las cosas irán como tengan que ir, es que, generalmente, aunque no siempre, se empieza un proceso de rendición y comienza la búsqueda "espiritual", la búsqueda de respuestas, la búsqueda del sentido de la vida.

Este período temporal de dificultad, si es que el individuo lo tiene que vivir así, tiene lugar mientras se está empezando a desarrollar la confianza en la vida. Solo que la confianza en la vida de la que estamos hablando no tiene nada que ver con la manifestación de deseos personales, no tiene nada que ver con que los sueños se cumplan, no tiene nada que ver con que nada en el mundo cambie para que de alguna manera altere el estilo de vida. Más bien, tiene que ver con un estado de paz que arropa la mente en la que dulcemente se puede descansar.

Paradójicamente, cuando hay confianza en la vida, al estar en paz con Lo-Que-Es, nos abrimos a la experiencia de que no solo nos sentimos plenos, sino que nos sentimos seguros. Seguros de que *la vida nos apoya y nos atiende*. Seguros de que *hay un amor que nos sostiene*, libres de preocupaciones sobre el futuro, al igual que libres de culpa sobre un pasado. Bajo esta nueva comprensión, surge un gran descubrimiento: que *eso de estar bien con Lo Que Es está directamente relacionado con vivir el momento presente*.

No estar bien con Lo-Que-Es implica un constante rechazo al momento presente. Y vivir el momento presente da lugar no a una vida apática, no a una vida aburrida. Todo lo contrario. Da lugar a una vida ¡excitante!, que no implica llena de adrenalina ni ansiedad o excitación. Hablo del verdadero disfrute de la vida, en la que las cosas se hacen por el gozo de hacerse, sin agenda ninguna. Como el niño que juega por el disfrute de jugar, sin compararse con nadie, que comparte sus juguetes, que busca otros niños con quien jugar, no con quien competir.

Pero ese rechazo al momento presente, que es el único momento que hay, es lo que da lugar a llevar la atención hacia un futuro "mejor". Es la zanahoria que constantemente se persigue que, al implicar un futuro, abre un espacio en la mente para que surja la preocupación. Dicho de otra manera, ese pensamiento sobre ese futuro "mejor" surge en el momento presente y es lo que hace que el presente se experimente como preocupante.

Lo mismo sucede con un pensamiento sobre el pasado, que abre un espacio para que la culpa también pueda tener lugar. Entonces, el momento presente que, de nuevo, es el único que hay, se tiñe de culpa y de preocupación, que no son más que pensamientos y ¡no hechos!

No te estoy pidiendo que creas estas palabras. Te pido que las pongas a prueba *ahora mismo*. Trae a tu mente un pensamiento preocupante. Hazte luego la siguiente pregunta: ¿cuáles son los hechos ahora mismo? Los hechos son que estás leyendo estas palabras y que eso de lo que te estás preocupando no está teniendo lugar ahora. Lo que está teniendo lugar ahora es que si la mente está pensando un pensamiento futuro, y se lo está creyendo, está viviendo el ahora lleno de preocupación. Lo mismo con el pasado, que es solo un pensamiento de un suceso que, aunque decimos que "ocurrió", por eso lo llamamos pasado, ahora mismo no está aquí. Sin embargo, se experimenta la culpa en este momento presente sobre un pasado *¡que no existe*!

La gente quiere ser feliz a raíz de rechazar su experiencia presente en virtud de su concepto de lo que ser feliz es. Porque creen que ser feliz tiene que ver con una sensación, con una postura en función de lo que han aprendido. Pero la felicidad, que es la experiencia presente libre de conceptos, está constantemente siendo vivida.

De nuevo, hagamos una investigación. Me podrías preguntar: "*¿cómo es posible que ahora mismo pueda ser feliz si me siento triste?*". Y yo te digo: "*deja de etiquetar la emoción que estás experimentando como triste, ¿y qué es lo que queda?*". No me podrás dar una respuesta, dado que ahora estás viviendo la experiencia presente, esa misma emoción o sentimiento libre de etiquetas. Suelta ahora la creencia de lo que tú crees que la felicidad es. Si juntas las piezas del rompecabezas, se puede deducir que si tu esencia es felicidad, al soltar la etiqueta de lo que la felicidad es y, simultáneamente, dejas de etiquetar tu experiencia presente como "tristeza", de nuevo, al tu esencia ser felicidad, no puedes sino que *¡ahora mismo ser feliz!*

Y de nuevo, esa sensación a la que le llamabas tristeza es ahora solo una sensación. Nada más y nada menos. Así es como puede uno estar en paz con lo que venga, con la sensación que surja. Y si uno está en paz sintiendo lo que esté sintiendo, pensando lo que esté pensando, *¡eso es ser feliz!*

Si puedes poner en práctica este ejercicio, tarde o temprano descubrirás que no puedes sino ser feliz *siempre*. No importa lo que ocurra, no importa lo que sientas, pase lo que pase, no puedes dejar de ser tu esencia, que es felicidad.

¿Qué Es Para Mï La Meditación?

Antes de comenzar, quiero hacer hincapié en que lo que voy a compartir es solo *mi* definición de lo que es meditar. No es *"la"* definición. Cada cual tiene su concepto, su definición de lo que es meditar y *todas* son correctas y aceptables. Yo solo voy a compartir *mi* concepto.

Cuando la gente me pregunta si yo medito mi respuesta es: *"yo dejé de meditar hace mucho tiempo"*. Lo que hago ahora es que investigo. Investigar, para mí, implica que, frente a un pasado en el que cerraba los ojos y trataba de aquietar a la mente, ahora cierro los ojos; incluso me siento en la postura que se podría decir que estoy "meditando", pero en realidad lo que estoy haciendo es juntando las piezas del rompecabezas en mi mente.

Por ejemplo, cuando surge una emoción, cuando hay una reacción, ya sea a un pensamiento, a una circunstancia, etc., y la mente quiere adherirle una historia, en ese proceso de investigación (meditación) puedo desvincular la historia del sentimiento; en otras palabras, liberarme del pasado y del futuro y traer presencia. Ahora me quedo con el sentimiento, acogiéndolo, liberándolo de cualquier historia que la mente quiera fabricar.

Eso, con el tiempo, se convierte en un hábito. Ese hábito determina mi experiencia de vida. El miedo es ahora reemplazado por la paz. El miedo siempre está en resistencia al momento presente. La paz, no obstante, acepta el momento presente, lo acoge, lo abraza, lo libera de historias. Y, por eso, siempre está en paz con Lo Que Es. Y como nuestra esencia es paz, lo que deseamos en lo más profundo es ser conscientes de esa paz que somos.

Meditar, según mi manera de verla, según mi experiencia, no es hacer nada especial con la mente. No es intentar que deje de pensar o de "controlar" los pensamientos porque eso también podría ser resistir la mente misma. Si la mente está pensando *¡pues que piense lo que le dé la gana!* Eso es lo que la mente hace. *¡Y lo va a hacer de todas maneras!*

El problema surge cuando resisto esos pensamientos, cuando los etiqueto como "malos". Y luego quiero reemplazarlos por pensamientos "buenos" sin darme cuenta de que eso es *poner a la mente en guerra consigo misma*, porque los pensamientos no los controlo "yo". Ellos simplemente surgen.

Observa tú si puedes controlar los pensamientos y te darás cuenta de que ellos surgen. Si los pudieses controlar, solo elegirías pensamientos "positivos". ¿No es así? Lo que sí se puede hacer, y solo estoy hablando de *mi* experiencia, es observar si los resistes o los aceptas. Un sabio no deja de pensar, ni siquiera solo tiene pensamientos "buenos" o "positivos", simplemente, no resiste nada, lo acepta todo y por eso está en paz consigo mismo, está en paz con los pensamientos que él muy bien sabe que no son "suyos". Por consiguiente, *está en paz con la vida.*

Permíteme compartir este ejemplo, ya que estoy en el aeropuerto y tengo un vuelo para los Estados Unidos. En ocasiones me surgen pensamientos sobre si cuando llegue a inmigración me darán problemas, aunque no hay ninguna razón por la cual eso tenga lugar, pero la mente es muy creativa. Esos pensamientos son solo historias de miedo que la mente fabrica. No las fabrico "yo". Simplemente, surgen de la nada. Ahí es cuando medito (investigo). ¿Cómo? Los observo, me observo cómo me siento, traigo la atención al momento presente reconociendo que solo son historias falsas sobre un "futuro" que no existe, dado que lo único que hay es el momento presente. Vuelvo a recuperar la ecuanimidad. Ahí medité. Eso para mí es meditación.

Y ¡OJO! Me encanta también cerrar los ojos y estar en silencio, sin tener que investigar ni hacer nada. Solo que no estoy en guerra con mi mente. Cuando ella quiere estar sin pensamientos estresantes, lo disfruto. Eso no significa que estoy "meditando". Eso solo significa que no hay conflicto. Y cuando la mente se encuentra experimentando pensamientos a los que le intenta adherir alguna historia y, por consiguiente, termino experimentando falta de paz (conflicto), ahí es que medito (investigo).

En ese sentido, mi vida es una constante meditación. Puedes sustituir la palabra meditación, además de por investigación, por otro sinónimo, el cual sería prestar atención. Es todo lo mismo. Y, una vez más, esa es mi experiencia. Si te sirve, bien, y si no, descártala. Pero lo único que podría sugerir es, antes de descartar lo compartido, ponlo a prueba, investígalo y mira a ver lo que tiene lugar.

     ¿Qué Es Para Mï La Meditación?

El Amor Busca Unión

Amar es el impulso profundo de unirte a tu hermano, no de poseerlo, no de adueñarte o de lo que sea. Vamos a explorar este tema juntos.

Si amor es lo que soy y amor es unión, su naturaleza tiene que ser el deseo de unirse a todo. Y esto tiene lugar a nivel de la conciencia (mente), no físico. Utilizamos la experiencia física para tratar de "unirnos" el uno con el otro y es imposible. Dos cuerpos no pueden "unirse". Pero dos mentes sí. Aunque solo hay una mente, dada las limitaciones del lenguaje voy a utilizar el concepto de "mentes" solo para que este mensaje pueda ser fácil de comprender al nivel en el que ahora mismo nos percibimos, como "individuos separados" que tienen mentes "individuales".

Continuando, cuando una mente suelta todos los conceptos de lo que cree "saber" es que está abierta a unirse con el resto de las mentes. Y esa es una experiencia de amor. Pero como existen tantas creencias, al igual que sensaciones que la mente utiliza para sostener la idea de que es algo separado, la experiencia de amor puro aparenta ser imposible.

Sin embargo, para poder experimentar nuestra esencia como amor hay que ¡*amarlo todo*! Sobre todo, aquello que es difícil de amar. La pregunta que surge entonces es: ¿cómo puedo aprender a amarlo todo? Aunque ya dijimos que es cuestión de soltar todas nuestras creencias, todos nuestros conceptos, no es tan fácil, dado lo arraigadas que están en el inconsciente todas esas creencias, pues son las que sostienen el concepto de un "yo", que a su vez generan sensaciones que hacen que este proceso pueda experimentarse como una experiencia muy dolorosa.

Aun así, sabiendo esto en teoría, y teniendo las "buenas intenciones" de amar, es como que se nos imposibilita. En mi experiencia, la razón es: ¿cómo puedo amar a alguien si ni siquiera sé lo que el amor es? Ese es el gran dilema. Para yo poder amar tengo que saber lo que el amor es. Pero si no sé lo que el amor es ¿cómo puedo amar? ¿Sobre todo, amarme a mí mismo? Y cuando hablo de amor no estoy hablando de los conceptos que tenemos sobre lo que el amor es: mariposas en el estómago, fuerte atracción física, etc. Todos esos son obstáculos al amor porque hacen de eso que se desea algo tan especial que alimenta la necesidad de que sin eso no puede estar uno en paz, no puede ser feliz, más bien, no puede vivir sin ello. Eso da lugar a los celos, al maltrato, a la manipulación, al victimismo, en fin, a innumerables comportamientos que no reflejan lo que el amor es.

Solo hay que escuchar las canciones de "amor"; al igual que las películas y las telenovelas que alimentan un "amor" basado en necesidad, en carencia, en drama, en victimismo, incluso, en violencia.

Pero hay una manera de poder abrirse uno a la experiencia de amor que somos. Y lo curioso del caso es que no es "amando", sino dejando de rechazar. Me explico. Puede que no sepa lo que el amor es. Pero sí sé lo que rechazar es y lo que se siente. Sí sé lo que odiar es y lo que se siente. ¿Podemos estar de acuerdo con ello? Entonces, si dejo de rechazar, si dejo de odiar, lo que queda, por defecto, tiene que ser amor.

¡Un sabio de la India dijo unas palabras que resonaron tanto en mí…! Y al ponerlas en práctica me he dado cuenta de que me es más fácil ponerme en contacto con el amor que hay en mí. Él dijo: *"En vez de estar intentando 'amar' a tus enemigos o a aquellas personas que juzgas y que generan algún resentimiento en ti, ¿por qué no, mejor, dejas de odiarlas y observas la transformación que ocurre?"*.

¡Es tan obvio y hace tan perfecto sentido…! Porque para odiar, para estar resentido, todo eso requiere un esfuerzo mental. Pero para amar ¡*no se requiere nada*!

En otras palabras, se requiere un esfuerzo inmenso para aferrarse, pero ninguno para rendirse. En esa rendición lo único que hay es paz, es amor. Y lo que he observado, de nuevo, en mi experiencia, es que paz y amor son sinónimos. Y puedo ver ahora cómo me siento unido a todos mis hermanos (en la mente que somos, que es una) cuando hay ausencia de juicio. Me siento en amor, me siento en paz y eso que siento no tiene nada que ver con un deseo hacia nada ni hacia nadie.

Es por eso que mi meditación diaria es prestar atención a lo que siento, observando el juicio que puede estar detrás. Y cuando eso se suelta, la paz, el amor es restaurado en mi mente.

Si dedico toda mi vida a perdonar (dejar de condenar), lo que estoy haciendo es dedicando toda mi vida a amar. Y todo lo que hago, o mejor dicho, todo lo que el personaje "yo" se encuentra "haciendo", sea lo que sea, son oportunidades para compartir ese amor.

¿Y cómo se deja de odiar o de rechazar? Y esta es la práctica, la cual es muy difícil cuando no hemos aprendido a sentir nuestras emociones:

sintiendo todo ese odio, todo ese resentimiento, toda esa tristeza, sea lo que sea, sentirlo, solo que liberándolas de historias. Eso es perdonar y, a su vez, es el puente que la mente misma, sin intervención de nuestras creencias, cruza para retornar a su estado natural, que es amor, que es unión, que es paz.

Y en mi experiencia, para poder abrirme a sentir todo esto, tiene que haber un deseo profundo por amar de verdad, un deseo profundo por la paz. De lo contrario, esto puede ser, una vez más, una experiencia muy dolorosa. Pues, ¿quién en su sano juicio querría sentir el dolor que se experimenta cuando surgen los obstáculos al amor? Por eso es que se le conoce como el camino angosto, la puerta estrecha, que aunque aparenta que solo pocos la cruzan, la realidad es que todos la tendremos que cruzar, sí o sí, porque nadie se queda despojado del Reino (del Amor).

En otras palabras, vamos a descubrir el amor que forma parte de nuestra verdadera identidad, *sí o sí*.

Cuando Acecha la Incertidumbre ¿Cómo Vivirla?

Vivir en incertidumbre puede experimentarse aterrorizante debido a que hay una parte de la mente que desea "estabilidad". Pero esa "estabilidad" que, como podemos ver, puse entre comillas, para la mente significa "saber".

En mi experiencia, lo que afecta ese no saber es si hay un condicionamiento en el que la vida o se percibe como injusta, donde creo merecer ser castigado, o se percibe como amorosa, sabiendo que todo lo que ocurre es para bien.

Esto que acabo de compartir no tiene nada que ver con "pensar positivo" o ser "optimista". Esas solo son actitudes del personaje. Y aunque también se podría deducir que son efectos de sus creencias, estas se utilizan para seguir sosteniendo la identidad que dice que soy un "ser separado". Percibirse como ser humano implica la creencia de que estoy separado del todo. En otras palabras, apoya la creencia de que mi realidad es individualidad en vez de unidad.

De lo que estoy hablando aquí es de que cuando en el inconsciente existe la creencia de que no soy merecedor de ser amado, de que merezco ser castigado, de que soy una víctima, en fin, la creencia de miedo, de nuevo, basado en la creencia de que soy un individuo separado, la incertidumbre se convierte, como mencioné en un principio, en una experiencia aterrorizante.

Si, por el contrario, existe un condicionamiento o creencia de que el amor me sostiene en cada momento, de que todo obra conjuntamente para bien, la incertidumbre no solo es bienvenida, sino que se experimenta más bien como una aventura. Una que se vive sin miedo porque lo que hay es confianza en la vida. Confianza y amor son sinónimos.

¿Qué podría compartir que sirviera de apoyo para desarrollar confianza en la vida de manera que a la incertidumbre se le pueda dar la bienvenida? Solo puedo ofrecer lo que me ha servido a mí como práctica, que no es ninguna "técnica" ni una "prescripción" de qué hacer o qué no hacer. Solo lo comparto porque si me he sentido inspirado a escribirlo, la vida sabe lo que tiene en mente con relación a ello.

Como de lo que estoy hablando no es de fe ciega, necesito pruebas. Las pruebas son, mirando en retrospectiva, una y otra vez, que en todas las experiencias que han tenido lugar en mi vida, ha habido unas sincronías que hubiesen sido completamente imposible para mí orquestarlas. Y, aunque durante gran parte de esas experiencias había experimentado miedo y preocupación dada mi ignorancia y falta de confianza, ahora es obvio ver el beneficio y la perfección en cada una de ellas. Eso me sirve para empezar a confiar en este instante presente con todas y cada una de las experiencias, sensaciones y pensamientos que forman parte de este instante. Esa confianza genera paz porque, aunque no sepa lo que ha de venir sé, por lo menos, que es orquestado por una Sabiduría Infinita, una Sabiduría Universal que lo ve y lo sabe todo, pues no está limitada a una parte de la totalidad, como lo está la experiencia humana.

Teniendo esa comprensión anclada en el sistema, aunque sea intelectualmente, ahora viene la parte más difícil, la cual requiere un deseo profundo por recordar la Verdad y es que me abro a sentir cada sensación que pueda surgir en este momento, despojándola de interpretaciones en reconocimiento de que, sea lo que sea que la mente fabrique para justificar o darle sentido a la experiencia, a un pensamiento o a un sentimiento, es falso.

Eso es lo que me apoya a desarrollar confianza en la vida, en el amor, porque, una vez más, la mente fabrica historias para creer "saber". En ese sentido, cree tenerlo todo bajo "control". Eso, para la mente que constantemente se autoengaña, corrobora la creencia de que no existe la incertidumbre.

Pero la realidad es, nos guste o no, que nuestra experiencia física es una de incertidumbre constante. Aunque creamos tener las piezas del rompecabezas muy bien encajadas, sabemos que todo cambia. Cuando no hay confianza, es el miedo el que está constantemente intentando juntar las piezas del rompecabezas, y eso solo da lugar a una vida llena de sufrimiento y de preocupación, aunque con intervalos esporádicos de aparente "paz" y "felicidad".

No obstante, cuando se rinde uno a la vida, habiendo plena confianza en ella, la vida se vive de una manera fluida. Y, aunque en la superficie aparentemos estar viviendo una vida "normal", en la cual todos los que nos ven y nos conocen observan que vivimos tal y como ellos lo hacen, no hay miedo, no hay preocupación, no hay ni siquiera esfuerzo. Lo que hay es un estado de inocencia, como un adolecente que confía en su padre, entusiasmado agarra su mano y deja que él le lleve a donde quiera porque prefiere las decisiones que su padre toma a las que él podría tomar, sobre todo cuando sabe que su conocimiento es extremadamente limitado en comparación al de su padre.

En otras palabras, si vas por primera vez de viaje a Italia ¿no sería mejor que fueses con un guía que conoce el territorio? No es que irte por tu cuenta sea "incorrecto". Solo que con un guía podrás tener experiencias que no habrías podido tener por no saber a dónde ir; además, todo el tiempo que perderías investigando los mejores transportes, el tiempo que toma llegar de un lugar a otro y tantos detalles de los que tendrías que estar pendiente, por los cuales con un guía que se conoce muy bien el territorio no tendrías que preocuparte en absoluto. Simplemente, te relajarías y te dejarías llevar.

Cuando sabemos que el amor está cargo de nuestras vidas, simplemente descansamos y nos dejamos llevar. Aquí viene la advertencia: no podemos no dejarnos llevar porque la vida está a cargo sí o sí. La diferencia es que cuando hay confianza el dejarse llevar es placentero. Cuando no hay confianza, resistir la dirección en la que la vida nos lleva (miedo a la incertidumbre), que es lo que va a ocurrir de todos modos, se experimenta como dolorosa. Y solo por eso, la incertidumbre aparenta ser tan preocupante. Pero con la práctica y con la experiencia misma, vivir en incertidumbre es algo a lo que se le da la bienvenida porque es como decir,: *"qué bueno que no tengo que hacer nada y que la vida sabe mejor que yo lo que más me conviene."* Eso no es motivo para preocuparse; si acaso, es motivo para relajarse.

Necesito Morir Para Aprender A Vivir

Mi experiencia como ser humano es limitada. Sirve como una barrera para establecer un límite entre lo que Soy (Totalidad) y lo que creo ser (individuo separado). Soy la Totalidad, aquello que es ilimitado. Sin embargo, cuando me percibo como un cuerpo, y observa que no dije cuando "soy" un cuerpo, sino cuando me "percibo" como un cuerpo, automáticamente se genera la ilusión de un "límite". Ese "límite" es lo que etiqueto como "yo" y que, a su vez, da la impresión de que "todo lo demás" es algo "aparte" de "mí".

Si esa limitación no existiese, sería imposible que me percibiese separado de este ordenador en el que se escriben estas palabras. Sin embargo, para poder abrirme a esa expansión necesito "morir". En un principio, esta idea nos aterroriza porque creemos estar perdiendo algo. Creemos estar perdiendo la "vida". Pero es todo lo contrario. Estamos resucitando a la vida eterna. Pero esto no es algo comprensible mientras la identificación sea con el cuerpo. Sin embargo, no podemos negar lo doloroso y exhaustivo que es intentar sostener el cuerpo.

El cuerpo se cansa, se enferma, hay que alimentarlo todos los días, es un trabajo constante de atender todas sus necesidades. Luego nos encontramos viviendo en una sociedad en la que para atender sus necesidades básicas se necesita dinero. Ahora el cuerpo tiene que trabajar para ganarse ese dinero. Ese es otro esfuerzo más del que, en ocasiones, se resiente. Entonces el cuerpo está cansado y aun así tiene que seguir trabajando. Y cuando obtiene ese dinero ahora tiene miedo de perderlo y lo defiende, lo ahorra, lo "asegura", que por cierto, esa compañía de seguros terminó sacándole más dinero que el que recibe a final del plazo. Luego desea cosas por las que tiene que luchar. A veces las consigue y experimenta momentos de euforia temporal, pero cuando no consigue lo que desea se frustra, se deprime, siente resentimiento, se siente desvalorizado. Si se siente solo sufre y entonces busca a otros cuerpos para sentirse acompañado. Pero si esos cuerpos no están de acuerdo con su forma de ver la vida ahora nace el conflicto entre cuerpos. Eso implica más sufrimiento, más dolor. Y si pierde algún cuerpo al que se sentía apegado (amigo, familia) sufre y, en ocasiones, la vida deja de tener sentido. Ya, cuando el dolor es tan insoportable, la persona no quiere continuar viviendo y busca cómo ahogarse en el placer para intentar "olvidar". Aun así, queremos seguir sosteniendo el cuerpo por miedo a la "muerte".

Solo cuando la comprensión llega de que hay una paz inquebrantable cuando se deja el cuerpo a un lado, desde la perspectiva limitada y corporal decimos: *"estoy cansado de vivir, solo quiero morir"*. Pero desde esa comprensión profunda, en la que la mente se transforma y empieza a ser consciente de su Esencia como Totalidad, se da uno cuenta de que el deseo más profundo no es el de morir, sino el de *vivir*.

Cuando soy consciente de que soy Vida, dado que esa es mi Esencia, algo muy paradójico tiene lugar. Ya dejo de temer soltar el cuerpo y, mientras sigo teniendo la experiencia "humana", el cuerpo es simplemente un vehículo a través del cual recuerdo que soy Vida. Y esa Conciencia es lo que extiendo a toda esta experiencia "humana".

Entonces, se experimenta una sensación de unidad con todo (Amor), en el que el miedo desaparece. Nada ni nadie puede hacerme "daño", aunque en la superficie aparente que sí. Reconozco que nada es mío y, simultáneamente, todo forma parte de mí. No tengo que defender ningún punto de vista ni me encuentro luchando por nada. Solo observo cómo la vida dirige cada uno de mis pasos, al igual que cada una de las palabras que salen de mi boca. El silencio se convierte en mi más preciado tesoro. Observo la película de la vida acontecer dentro de la cual "aparenta" que estoy involucrado, "tomando decisiones", mas sabiendo muy profundamente que no es así.

La felicidad ya no la determina ninguna experiencia ni acontecimiento que tenga lugar en el "mundo". Es mi Esencia y es desde donde vivo la experiencia "mundo". Cuando alguien es consciente de su Esencia y se le pregunta *"¿por qué eres feliz?"* la contestación que sale de lo más profundo de su ser es obvia: *"porque sí"*. No necesita añadir nada más. En otras palabras, no hay "razón" ninguna para justificar su estado de felicidad. Es como preguntarle a la luz *"¿por qué alumbras?"* La luz sólo podría contestar *"porque sí"*, *"porque es lo que soy"*. Por consiguiente, dentro de esta experiencia humana limitante, si quiero ser consciente de lo que soy, necesito "morir".

La pregunta que ahora surge es ¿cómo puedo morir? Cada vez que surge el miedo a morir, permitírselo. En otras palabras, cada vez que me encuentro intentando defender mi identidad, ya sea que el cuerpo se enferme y tenga miedo a dejarlo a un lado, permitirme sentir esa muerte sin intentar hacer nada al respecto. Cada vez que alguien dice algo, o alguna experiencia en el mundo me afecte, sentir esas sensaciones en profundidad sin intentar hacer nada al respecto. En fin, cada vez que algo amenace mi identidad como cuerpo, permitir todas esas sensaciones aflorar sin juzgarlas. Eso es "morir" (aceptación). ¡Ojo!, no "resignación", sino aceptación. ¿Cuál es la diferencia? Cuando hay aceptación hay confianza. Y confianza es amor. Cuando hay resignación lo que hay es miedo. Y eso es falta de amor.

Hay quienes podrían argumentar: *"pero si asumo esa actitud eso significa que si estoy enfermo no voy a ir al hospital, o que si alguien me amenaza no voy hacer nada al respecto".*

Prestemos mucha atención a lo que voy a compartir ahora. Al ser consciente de que lo que realmente soy es Conciencia, es la Conciencia la que dirige mis pasos y no "yo". Todo el sufrimiento surge al creer que era "yo" el que hacía las cosas. ¿Qué implica esto? Que si me encuentro experimentando una condición física que requiera ir a un médico, no es que "yo" "decido" ir a un médico, sino que me encuentro yendo a un médico. Si alguien me amenaza y una acción necesita ser tomada, no soy "yo" quien "decide" tomar esa acción, esa acción es tomada a través de mí.

Por lo tanto, la muerte de la que estamos hablando es la desidentificación que tengo con mi identidad como "hacedor" y el reconocimiento de que mi Verdadera Identidad, de que mi Esencia es ilimitada, es Totalidad (Amor, Dios). Y aunque se utilizan palabras para explicar esto, no puede ser entendido, es una experiencia.

La analogía del sueño es la mejor para explicar esto. Cuando estoy durmiendo en la cama soy la única mente que existe. Cuando esa mente proyecta un sueño, lo que tenga lugar en el sueño no tiene efecto sobre la mente que sueña el sueño. ¿Qué implica esto? Si en el sueño hay una amenaza de "muerte", el sufrimiento solo tiene lugar si la mente que sueña el sueño se identifica con el personaje soñado. Pero si es consciente de que su realidad no es ese personaje dentro del sueño, sino, más bien, que es la mente misma la que sueña el sueño, no existe amenaza de "muerte". Incluso, se ríe de la película porque sabe que es una mente a salvo en la cama y que el sueño es solo una imagen proyectada.

Esta experiencia física es una constante invitación a que seamos consientes de nuestra Esencia como Ser. Y al poner esto en práctica reconozco que, en ocasiones, se experimenta como algo muy intenso. Porque lo que se está haciendo aquí es mirar de frente al terror más intenso del que la experiencia humana haya estado huyendo. Y es al concepto de muerte. Solo que, esta vez, en vez de huir de la "muerte" estamos caminando hacia ella. De lo contrario, la identificación con la experiencia física es la distracción a través de la cual se perpetúa el miedo.

El hecho es que la muerte del cuerpo es inevitable. Pero el sufrimiento que tiene lugar antes de ese hecho es opcional. Y ese sufrimiento es una experiencia de muerte, que aunque no física, sino sicológica es peor que la física. Pues la muerte física es el final de todo sufrimiento. Y para aprender a vivir libre de sufrimiento, hay una frase en la India que dice: *"Tienes que morir mientras estás vivo."*

No Estoy Aquí Para "Ayudar" a Nadie

Necesito ser muy cuidadoso en cómo abordar este tema para que no vaya a ser mal interpretado. Me explico: mi esencia, nuestra esencia es amor, es unidad, es totalidad. No existe separación. Solo cuando me percibo como un ente separado, sin darme cuenta, el deseo por "ayudar" a "otros" sirve para reforzar esa creencia subyacente que dice "soy un ente separado".

Esa creencia de ser un ente separado es a la que se la conoce como ego. Y aunque en la superficie querer "ayudar" a "otros" aparenta ser lo "bueno", lo "caritativo", es, en realidad, otra manera de sostener el sistema de pensamiento del ego. Dado ese el caso ¿estoy en realidad ayudando? La contestación es obvia: ¡no!

¿Significa eso que, entonces, no debería ayudar a nadie? Eso no es lo que significa, y es aquí donde hay que prestar mucha atención. Si solo existe uno y ese uno es lo que soy, el que necesita ayuda soy yo. No más nadie. Cuando me permito ser ayudado, otra manera de decirlo sería: cuando me abro a ser consciente de lo que soy (amor), es mi *ejemplo* lo que ayuda, no mis acciones.

Jesús, Buda, solo para mencionar algunos, sirvieron de *ejemplo* del amor y de la compasión que somos. En ellos, que no tenían que ir al mundo a ayudar a "nadie", la gente buscaba su ayuda porque deseaban experimentar esa paz que ellos *transmitían*, no lo que ellos "enseñaban".

Su ejemplo era lo que ayudaba, no sus palabras ni sus acciones. No obstante, sus palabras y sus acciones surgían de su ejemplo. Por eso Jesús decía: *"no es mi voluntad la que se hace sino la del Padre"*.

Cuando dejo de intentar ayudar a "otro" y pongo todo mi enfoque en recordar el amor en mí, si alguien necesita ser ayudado y yo tengo que ser ese vehículo, la vida misma me los pondrá en el camino. Pero no me los pondrá en el camino para que "yo" los "ayude". Los pondrá en el camino porque el amor que los dos compartimos es la ayuda. En ese sentido, somos ayudados.

Por consiguiente, si algún video que yo comparta, si alguno de mis escritos, libros, charlas, sirve de "ayuda" para "otros", tengo muy claro que no soy "yo" quien está ayudando a "nadie". Es Su Voluntad a través de mí quien hace el trabajo. Y ese trabajo no es para más "nadie", sino para mí, porque si somos uno, entonces no existen "otros".

Por eso cuando me preguntan por qué hago este trabajo de forma altruista, la respuesta es muy simple: no soy "yo" quien hago nada, es la Voluntad del Padre a través de "mí" la que se hace. Cuando se tiene que cobrar se cobra. Cuando no se tiene que cobrar no se cobra. Mi responsabilidad no es prestar atención a si se tiene que cobrar o no. Solo traer constante presencia para permitir que el amor me ayude a recordar lo que soy en cada instante.

 No Estoy Aquí Para "Ayudar" a Nadie

¿Qué Es El Amor?

Si me preguntas qué es el amor, mi respuesta se resume en dos palabras: *no sé*. Toda mi vida creí saber lo que era, sin embargo, ese concepto que tenía del amor sóolo me llevó a sufrir. Entonces la vida me fue llevando a una nueva comprensión de lo que el amor podría ser, la cual derrumbó toda creencia que había aceptado como "verdadera" sobre el mismo. Y la manera en que sentí que esa nueva mirada iba más acorde a lo que el amor podría ser es la paz que se experimenta, donde hay una total ausencia de sufrimiento.

Me explico: cuando me encontraba en una relación de pareja creía que estaba experimentando "amor". Pero cuando la misma se rompía, sufría. Cuando las personas (amistades, conocidos, familia, gobierno, etc.) hacían lo que quería, o estaban de acuerdo conmigo creía que estábamos relacionándonos desde el "amor". Pero cuando estaban en desacuerdo o no hacían lo que quería (no cumplían mis expectativas), sufría. Cuando mis necesidades físicas en una relación, o un encuentro estaban siendo satisfechas, creía que eso era "amor". Pero una vez que la necesidad era satisfecha, en ocasiones, experimentaba una sensación de vacío, mientras que en otras solo un alivio temporal. Durante la sensación de vacío, al igual que cuando ese alivio temporal se acababa, necesitaba otra vez satisfacer esa necesidad y, por consiguiente, sufría. Cuando sentía ciertas sensaciones creía que eso era "amor". Cuando las sensaciones se iban sufría. Equiparaba el "amor" con el placer. Pero cuando el placer terminaba sufría.

Cansado y harto de sufrir, la vida me mostró una nueva mirada de lo que el amor podría ser, no para que me lo creyese, sino para que lo pusiese a prueba y, según mi experiencia, eligiera ver si esa nueva perspectiva pudiese ir más acorde a lo que el verdadero amor podría ser. Lo que me enseñó fue desapego y falta de juicio. Me enseñó a soltar toda expectativa y aprender a aceptarlo todo. Eso derrumbó el concepto de "amor romántico", de "amor" equiparado con deseo y, aunque en un principio lo resistí, la realidad fue que, cuando empecé a integrar ese nuevo concepto del amor, dejé de sufrir.

Lo curioso del caso fue que esa actitud no me convirtió en una persona fría. Todo lo contrario, me ha ido convirtiendo en una persona más compasiva, más paciente, más comprensiva, más tolerante, en fin, *más amorosa*.

¿Qué Es La Felicidad?

Esta fue la lección más difícil para mí de aprender, dado que estaba tan condicionado con conceptos sobre la felicidad que sentía que nunca podía experimentarla. La tenía tan vinculada con sentimientos, sensaciones y actitudes que si no me sentía de una manera, eso implicaba que no era feliz. Todo ello porque lo que sentía no se adhería al concepto que yo tenía sobre ella. Me comparaba con personas que creía que eran "felices" porque su actitud se adhería a los conceptos que yo tenía sobre la felicidad. Me acuerdo de una persona que conocí que, para mi entender, era muy "feliz". Estaba felizmente casado, tenía dinero y suficientes juguetes para distraerse, su actitud era el alma de la fiesta y muy jovial. Sin embargo, no hace mucho me enteré que se había suicidado. ¿Era entonces esa persona verdaderamente feliz?

Pues, como la gran parte del tiempo no sentía esa sensación, deducía que no era feliz la mayor parte del tiempo. Luego me pasaba el tiempo buscando generar esa sensación o adquirir esa actitud a raíz de alcanzar metas, obtener cosas, cambiar de lugar, buscar relaciones. Y cuando algunas o todas esas cosas se cumplieron, esa sensación se asomaba por la ventana, por así decirlo, y decía: *"me siento feliz"*. Pero luego, cuando la sensación o actitud se iba, decía: *"ya no soy feliz"*.

Sin embargo, todas las filosofías no-duales, de una u otra forma, dicen que *yo soy* la felicidad. Aun así sentía que no la experimentaba. Hasta que una noche, después de haber estado atravesando una experiencia muy dolorosa en la cual ni siquiera tenía deseos de vivir, y no es que quisiera suicidarme porque no llegaba a ese extremo, la vida dejó de tener sentido para mí y, simplemente, no quería continuar sintiéndome de esa manera.

Después de haber hecho una exploración mental a través de la cual cuestioné todas las creencias que tenía sobre la vida y después de darme cuenta de que eran solo pensamientos que me estaba creyendo, y nada más, empecé a explorar mis sentimientos. Aquí fue donde la comprensión tuvo lugar. Me estaba sintiendo mal y observaba la historia que la mente fabricaba para darle sentido a ese sentimiento. Cuando erradicada la historia, sin importar si el pensamiento se iba o no, era una manera de traer presencia. En esa exploración mental, aunque el sentimiento estuviese ahí, por lo menos no había sufrimiento.

Luego pensé *"si no hay sufrimiento eso es paz. Y si paz es felicidad, entonces ahora mismo soy feliz"*. Por consiguiente, no es que no fuera feliz, es que no sabía que era feliz, dado que había teñido la felicidad (lo que realmente soy en todo momento) con los conceptos que tenía de lo que la felicidad era.

Ahora hace perfecto sentido el hecho de que soy feliz, no por lo que el personaje "yo" sienta o por su actitud, sino por la naturaleza de *lo que soy*. Aun cuando haya un sentimiento al que se le pueda etiquetar como tristeza, apatía, rabia, resentimiento, si se le quita la etiqueta, lo que queda es un movimiento que está teniendo lugar en la conciencia expresándose a través de mí.

Ese movimiento, llámesele como se le llame, no puede afectar a mi esencia como conciencia. Y si como conciencia soy la felicidad, entonces no puedo nunca no ser feliz. La práctica, entonces, no es buscar la manera de ser feliz. Es prestar mucha atención a cuán fácil la mente se puede creer las historias que fábrica, cuán fácil se identifica con los pensamientos y las sensaciones que tienen lugar, como si eso fuese lo que soy.

El trabajo de perdón, para efectos de estudiantes de *Un Curso de Milagros*, y para aquellos que no conocen esa enseñanza, se podría decir que el trabajo de ser consciente es nunca perder de vista que la actitud del personaje "yo", que los pensamientos que surgen, que las sensaciones que tienen lugar, *no tienen nada que ver* conmigo como conciencia. Por lo tanto, no afectan a la felicidad que soy ¡*en absoluto*!

Entonces, con certeza puede uno decir: ¡*soy feliz*! Observa que no dije: me "siento" feliz. Dije: "*soy*" feliz. Y si alguien pregunta: "*¿por qué eres feliz?*" La contestación es simple, directa y obvia: ¡*porque eso es lo que soy!* No por lo que tengo, no por lo que hago, no por lo que siento, sino por lo que ¡*SOY*!

Entonces, uno puede decir: ¡*soy feliz* aún en medio de lo que se esté sintiendo. Porque lo que sea que uno sienta son solo movimientos temporales que tienen lugar en la conciencia, pero no definen a la conciencia. Y como la conciencia es lo que soy y la conciencia es felicidad, entonces, por deducción, tengo que ser feliz ¡*en todo momento!*

                    ¿Qué Es La Felicidad?

La Vida Cada Vez Se Experimenta Más Simple

Cuando este personaje "yo" se levanta por la mañana, se observa levantarse. Observa si va al baño o a la cocina. Observa lo que se encuentra haciendo en el lugar en que se encuentre. Si es en el baño, hace lo que hace; si es en la cocina, hace lo que hace; si en la cocina se encuentra preparándose un limón con agua tibia, lo hace. Luego puede que agarre el móvil o que se siente a leer. O quizás se pone a hacer cosas con el ordenador. Y todo el día se va desenvolviendo de esa manera. Se observa el pensamiento que surge primero de la conciencia y, o bien se actúa sobre él, o no.

Si hay una aparente agenda que tiene que cumplirse, puede que la escriba en papel o no. Luego observa lo que se hizo, sabiendo que eso era lo que se tenía que hacer. Y lo que no se hizo fue, simplemente, lo que no se tuvo que hacer. Todo lo que tiene cada momento es lo que tiene que tener y lo que no, pues no. Si se experimenta uno movido porque surgen pensamientos de miedo o de preocupación, los observa como que eso es lo que tiene que ocurrir. No se culpa por ello. Cuando se encuentra tranquilo, con una mente ecuánime, simplemente es porque eso es lo que tiene que ocurrir.

Sabe que no es "él" quien hace las cosas, sino que las cosas se hacen a través de "él". Volviendo a primera persona, no soy "yo" quien vivo la vida: la vida *me vive*. Cuando termina el día y me acuesto a dormir hay veces que la mente se encuentra muy agitada y el personaje "yo" experimenta desvelo, de la misma manera que a veces no. Todo es un misterio. Solo que, cuando hay confianza en la vida el misterio se vive desde un espacio de curiosidad y de asombro en vez de miedo. Porque el personaje "yo" sabe que la vida lo tiene donde lo tiene que tener y lo lleva a donde lo tiene que llevar. Y al saber que la vida siempre sabe lo que es mejor, no solo para él, sino para todos, se deja llevar.

Lo curioso del caso es que una persona que no es consciente de esto, no es que no se deje llevar, dado que es imposible no poder dejarse llevar, sino que, al la vida estar al cargo, se va a tener que dejar llevar, sí o sí, le guste o no. Solo que, si no confía en la vida, ese dejarse llevar se experimenta como muy doloroso porque está en constante resistencia. Estas palabras se escriben porque surgió un pensamiento que nace de ese misterio y el personaje "yo" se encuentra o actuando sobre el pensamiento o no. Y el personaje "yo" no lo sabe hasta que o actúa sobre ese pensamiento o no. En este caso, obviamente, actuó sobre el pensamiento porque las palabras están escritas. No sabe en un principio si las va a publicar o no hasta que se publiquen. Y, de nuevo, en este caso publicarlas es lo que tuvo lugar. Volviendo a la primera persona, estoy completamente abierto a lo que tenga que tener lugar en este día.

El personaje se encuentra abierto, curioso, observando qué es lo que este día trae. Hay muchas cosas que podría hacer. Pero solo observa qué es lo que se está haciendo, pues no se puede hacer nada más que lo que ahora mismo se está haciendo.

Cuando la comprensión de que la vida está a cargo y de que todo ocurre para el bien, ésta queda establecida; no puede existir la preocupación. Pues, ¿por qué habría uno de preocuparse sabiendo que la vida es la que está a cargo y que todo lo que ocurre es para el mayor bien? Y adivina qué: si surge preocupación, *es porque eso es lo que tenía que surgir*. ¡Vaya paradoja!

Esa actitud es lo que permite que la mente pueda vivirse en presencia de lo que es, libre de miedo. La mente ya no tiene futuro, lo que tiene es lo único que siempre ha tenido: *este momento presente*. En el momento presente está la vida entera. Está todo. Lo que necesito, lo que tengo, lo que es. Y si no hay deseo o preferencia de que las cosas fuesen diferentes, lo que queda es aceptación. En otras palabras, lo que queda es *paz*. La famosa paz que tanto se busca y que está ante nuestras narices, pero que no se experimenta por falta de confianza en la vida, por querer que las cosas sean diferentes en función, no de la realidad, sino de nuestras tan atesoradas creencias. Y como la paz es la ausencia de sufrimiento, se podría decir que lo que queda es felicidad. Así es como se vive "feliz-mente".

Es por eso que cuando se me pregunta si yo hago alguna práctica especial, la contestación es muy simple: esto que está ocurriendo, *la aceptación total de lo que es*, es mi práctica; es lo único que hago porque es lo único que se está haciendo, lo cual ni siquiera soy "yo" el que lo hace. Una vez más ¡vaya paradoja! Y dentro de la paradoja, la contestación que surge a través de "mí" es: si hago alguna práctica, se podría decir que es no perder de vista que "yo" no estoy haciendo nada, sino que la vida me está haciendo. Y es por eso que la vida cada vez se experimenta más simple.

¿El Amor Duele?

Si para una persona el amor significa apego, en función de su definición de amor, claro que el amor duele. Si para una persona el amor conlleva expectativa, en función de su definición de amor, claro que el amor duele. Si para una persona el amor significa posesión, en función de su definición de amor, claro que el amor duele. No obstante, si el Amor es Eso (letra mayúscula) que lo abarca Todo, entonces el Amor acoge, incluso al dolor. En ese sentido, no es el Amor lo que duele, *¡es el dolor lo que duele*!

Si el amor acoge y abraza al dolor, todo lo que produce dolor no puede ser amor, son solo derivados del dolor mismo. Es por eso que el Amor no puede ser apego, aunque el Amor puede acoger la sensación de apego. El Amor no puede generar expectativa, aunque el Amor puede acoger aquello que genera expectativa. El Amor no puede ser posesión, aunque acoge aquello que desea poseer.

Todo lo que genera apego, expectativa y posesión es la identificación con un "yo" separado. Eso, ya de entrada, no es Amor. Es una versión limitada y distorsionada del Amor, el cual es la Totalidad. Y el Amor, incluso, acoge a ese "yo" que se percibe separado.

El trabajo, entonces, es ser consciente de mi Verdadera Identidad como Totalidad (como Amor). Ahí desaparece el apego, las expectativas, la posesión, dado que si solo hay Uno (Totalidad, Amor), no hay nada a que o a quien apegarse. No hay nada a que o a quien poseer. Y, en ese sentido, el concepto de expectativas queda fuera de la ecuación.

Por consiguiente, ¿el Amor duele? No, el Amor simplemente ¡Ama! ¿Qué más podría hacer?

Silencio, Soltar Y Confiar

Las tres palabras por las que se rige mi vida son silencio, soltar y confiar. Me gustaría reflexionar un poco sobre cada una de ellas para compartir cómo es que se aplican a mi diario vivir.

Silencio: el silencio es ese espacio mental en el que puedo discernir conscientemente, al igual que puedo ser consciente de mi naturaleza como totalidad. Esto no implica que "yo", como personaje, sienta que soy la totalidad, sino más bien, por momentos, cuando no hay una identificación con un "yo" me reconozco como parte de un espacio no local, en el cual puedo ser consciente de que no hay separación entre "yo" y lo "demás". También me ayuda a observar el contenido de la mente de manera más desapegada. Lo que eso implica es que cuando me siento perturbado puedo observar la historia que la mente está fabricando y, simultáneamente, darme cuenta de que es falsa. Por lo tanto, el silencio para mí es un espacio de exploración.

Soltar: la palabra soltar, como a mí me sirve, implica una rendición total a la experiencia presente. Una aceptación de Lo Que Es, incluyendo los pensamientos y las sensaciones. En ese sentido, la lucha, el sacrificio y el esfuerzo dejan de tener sentido. Curiosamente, cualquiera podría interpretar esas palabras como decir que me quedo sentado en un colchón y no hago nada. Pero es todo lo contrario: *la vida me va a llevar a hacer, sí o sí.* La diferencia es que ahora "el hacer" no es una carga, sino el fluir natural de la vida sin resistirla. Es así como "el hacer", sea cual sea, está libre de sufrimiento y ya no se experimenta como sacrificio, como esfuerzo o como lucha.

Confianza: esta es la clave fundamental. Aquí es donde se experimenta la paz interior. Cuando hay confianza, hay paz. Y, para mí, confianza y amor son sinónimos, solo que prefiero la palabra paz porque es más accesible y menos distorsionada de significado que la palabra amor. Cuando hay confianza en la vida la experiencia de soltar se convierte en algo muy natural. En ese sentido, estas dos palabras van entrelazadas. Cuando no hay confianza soltar es imposible. Cuando hay confianza soltar es lo natural. Y cuando me cuesta soltar por falta de confianza, el silencio es lo que puedo traer a la mente para hacer un discernimiento y una exploración consciente, de manera que pueda ser restaurada la confianza, lo cual me lleva a poder soltar libremente.

Si pudiese resumir esas tres palabras en una, sería **perdonar**, que según una enseñanza llamada *Un Curso de Milagros*, el perdón es definido de la siguiente manera: *El perdón, en cambio, es tranquilo* (silencio) *y no hace nada* (suelta) [...] *simplemente observa, espera y no juzga* (confía)." W-pII.1.1.4:1...3.

¿Estoy Dispuesto a Tomar Completa Responsabilidad?

Si lo único que existe es conciencia y "yo" formo parte de esa misma conciencia, todo lo que percibo "fuera" tiene, por consiguiente, que formar parte de mí. ¿Qué implica esto? Que si algo que percibo "fuera" genera alguna molestia en mí, tiene, por consiguiente, que o ser algo que yo creo de mí que no quiero ver, o algo que estoy negando en mí que se lo proyecto a una imagen "externa". Así puedo sostener mi deseo de sentirme como víctima.

Un ejemplo de una creencia en mí sería, digamos, que alguien me llama estúpido. Si me molesta es porque realmente yo creo ser un estúpido. Y todo lo que esa persona hizo fue recordarme lo que yo creo sobre mí. Pero para poder sentirme como víctima, necesito culpar a esa persona. Si no investigo eso, tomando completa responsabilidad de que lo que siento es mío y de que esa persona está simplemente exponiendo una creencia escondida que tengo sobre mí mismo, me pasaré toda mi vida defendiéndome o atacando a todo aquel que me llame estúpido y, por consiguiente, sosteniendo la creencia de que soy un estúpido.

Un ejemplo ahora de algo que no quiero ver en mí sería, digamos, que alguien ataca a un animal indefenso y siento rabia. Esa ira está en mí y ese escenario se proyectó para, en vez de mirar mi propia ira, poder proyectársela a esa imagen. Al igual que en el caso anterior, si no investigo eso, tomando completa responsabilidad de que lo que siento es mío y de que ese escenario está exponiendo la ira en mí, que, de hecho, *estaba antes de que ese escenario tuviese lugar*, me la pasaré toda mi vida atacando a todo aquel que, según mi criterio, es la causa de yo sentir ira y todo lo que haré será darle poder al mundo para que determine mi sentir.

La *única* salida es tomar *completa* responsabilidad de que si todo lo que estoy observando forma parte de la misma conciencia, de la cual yo formo parte a nivel inconsciente, yo, como conciencia, no como "ser humano", he puesto esas imágenes ahí para que me puedan poner en contacto con los obstáculos al amor *en mí*. Si tengo claro que mi única función es perdonar, aprovecho todas y cada una de las experiencias que me ponen en contacto con mi miedo, no para culparlas, sino para expresar agradecimiento, dado que de no ser por ellas no podría ser consciente de todo el miedo que está escondido en mí para poder ser sanado.

Este proceso no es cómodo. Para ser honesto, en un principio puede ser hasta *muy doloroso*. Pero solo cuando la mente está identificada con el sistema de pensamiento que se le conoce como ego es que se experimenta como doloroso. Cuando hay un cambio de Maestro (Espíritu Santo, Mente Recta, Sabiduría Absoluta, como se le quiera llamar) en la mente, la percepción de la experiencia cambia de tal manera que al restaurarse el amor nada se toma de forma personal y en todo se perciben puras peticiones de amor.

Esto no implica que esté de acuerdo con una persona que me llame estúpido, de la misma manera que tampoco implica estar de acuerdo con una persona maltratando a un animal. Solo que, cuando esa persona me llama estúpido, al yo tener claro que no soy una persona estúpida, en vez de tomarlo como un ataque, lo que siento es compasión por esa parte de mí, pues detrás de ese insulto lo que se me está diciendo es: *"se me ha olvidado quién soy y te pido por favor que sostengas tú la verdad sobre mí."* En el caso de la persona que maltrata a un animal, cuando antes se le percibía como un cretino sin sentimientos, se le percibe ahora como una parte de mí que, simplemente, está eligiendo el sistema de pensamiento del ego (miedo) y mi función, a raíz de no juzgarle ni atacarle, es hacerle ver *con mi ejemplo* que tiene acceso al mismo sistema de pensamiento con el que yo estoy identificado (Espíritu Santo, Sabiduría Interna, Amor). Desde ese espacio de amor y de comprensión puede que la vida me lleve a tener una conversación con esa persona y puede que esa persona se derrumbe en mis brazos llorando porque ese animal le estaba poniendo en contacto con alguna herida muy profunda y, simplemente, no supo cómo manejar la situación de otra manera. O puede que el amor mismo me lleve a tomar otra acción, o a no hacer nada. Pero no hay ira proyectada a nadie, solo compasión.

En otras palabras, se maneja la situación desde una comprensión, lo cual me recuerda la historia de cómo Jesús la manejó cuando querían apedrear a la prostituta. Él ni se enfadó ni juzgó a nadie. Simplemente, el amor le inspiró a decir: *"aquellos que estén libres de pecado lancen la primera piedra."*

En mi caso, tengo tan claro que todo lo que siento es mío y que el mundo no es causa de mi sentir, que mi trabajo de perdón está mucho más enfocado. Y todo se convierte en un regalo, aunque en la superficie, de entrada, no se perciba de esa manera. Cada vez estoy más agradecido con todas aquellas personas que me ponen en contacto con mis sentires más profundos. No estoy hablando de los que me dicen lo mucho que agradecen el trabajo que hago, sino de los que me atacan, de los que me juzgan, de los que me insultan, de los que me traicionan, etc. No digo esto porque sea masoquista. Lo digo porque tengo claro que si deseo ser consciente del amor que soy, tengo que mirar los obstáculos. Ahora, simplemente es abrirme a lo que venga. Porque estoy dispuesto a tomar *completa responsabilidad* de la consciencia de la cual formo parte.

Solo Me Dejo Hacer

¡Cuánto terror puede haber en las palabras "solo me dejo hacer"! Sin embargo ¡cuánta tranquilidad aportan, no cuando son comprendidas, sino cuando son integradas!

Cuando uno cree que puede "controlar" su vida, basado en la premisa de que puede encontrar su "seguridad" en el mundo, la idea de dejarse hacer, ya que no puede controlar nada, es aterrorizante. Pero al cabo de los años, después de haber vivido una decepción tras otra, se empieza a cuestionar si, de verdad, uno controla algo.

También, en algunos casos, después de haber adquirido todo lo que quería y de darse cuenta de que no se siente pleno, puede experimentarse como en un espacio que es tan doloroso que le lleva a uno a una rendición o a no querer vivir más. En ese proceso de rendición, en el que todavía hay residuos de un deseo por controlar, pero en el que, simultáneamente, está cansado uno de intentar controlar, se empieza a observar, poco a poco, cómo se expresa un orden en la vida. Eso lleva a desarrollar más y más confianza en la vida que en uno mismo.

Al la confianza irse asentando, se tiene la experiencia de que yo no vivo esta vida, sino de que *soy vivido*. La idea de lo que yo quiero se va cayendo y es reemplazada por lo que ocurre. Se encuentra uno ahora siendo el espectador en vez del protagonista. Una vez más, para la mente que no confía esto es aterrorizante. Pero cuando la comprensión se establece, esto es como una liberación. Saber que no hago nada y que todo lo que se hace es descansar. Permitir que la vida sea, en vez de intentar controlarla, es un alivio. La incertidumbre se transforma en aventura. La idea de control se transforma en juego. La confianza se transforma en amor. Y es ahí cuando, finalmente, *recuerdo lo que soy*.

Cuando Estás Atravesando El Valle de Las Sombras

Recientemente, me he estado encontrando experimentando unos resentimientos muy profundos. Me acuesto a dormir y me encuentro levantándome experimentando, a veces, una ira que, cuando luego me acuesto, de nuevo no puedo siquiera cerrar los ojos. Dan las 4, las 5 de la madrugada y la mente no para. Sin embargo, en esos momentos lo que sí recuerdo es haberle pedido a la vida que mi deseo más profundo fuera amar incondicionalmente.

Cuando ese deseo está ahí, la vida saca todos los resentimientos y los miedos, en fin, toda la culpa que está escondida, no para castigarme, ni siquiera para "enseñarme" a amar, porque la realidad es que la vida no me está ni castigando ni "enseñando" a amar, dado que amar no es algo que "hago", es lo que soy. La vida solo me está apoyando para que el amor que soy *pueda ser despejado de obstáculos*. Ese, en sí, es el trabajo.

Dado que amor es lo que soy, si quiero ser consciente de lo que soy, tengo primero que despejar todos los obstáculos que, de una forma u otra, están encubriendo mi esencia como amor.

Por consiguiente, por más incómoda que pueda ser la experiencia, por más dolorosa que se pueda experimentar en momentos, solo tengo que recordar cuál es el propósito de mi vida y es perdonar. Solo tengo que recordar cuál es la petición más profunda de mi corazón y es amar.

Y como tengo claro mi propósito, como tengo claro ese deseo tan profundo, ahora, simplemente, cuando me encuentro atravesando el valle de las sombras, no es buscar sentido ni entender por qué me siento así, es agarrarme de la Mano de ese Maestro (Espíritu Santo, Mente Recta, Sabiduría Interior, Jesús, Cristo, Buda Interior, llámesele como se le llame) que me está, poco a poco, llevando a *mirar todas y cada una de las partes de la mente* que están identificadas con el miedo para poder ser liberadas y que así el amor quede totalmente restablecido en la mente.

Por consiguiente, si alguien se encuentra lidiando con sensaciones y emociones muy fuertes y muy profundas, simplemente, lo que puedo recordarle es: *"no está pasando nada"*, aunque así lo parezca.

Que se deje atravesar por esas sensaciones y que se aferre, más y más, a su propósito: perdonar. Esto forma parte del proceso. Por eso es que, y esto lo he dicho muchas veces, no importa cuál sea la filosofía, en la Biblia le pueden llamar el camino angosto o la puerta estrecha, en otras filosofías le pueden llamar una muerte súbita y otras tendrán su forma de nombrarlo. Pero lo que se nos está recordando es que las personas que estamos atravesando momentos como este, que nunca se nos olvide que estamos siendo atravesadas por todo ese miedo debido a que ya estamos preparadas para permitir que la luz que se encuentre en lo más profundo atraviese todas esas capas y alumbre el camino.

Y lo que es doloroso *no es* la luz atravesando esas capas. Lo que es doloroso *es querer sostener* esas capas para no permitir que la luz las atraviese. Esas capas forman parte de la identidad que hemos forjado inconscientemente de nosotros mismos para esconder la luz que somos. Ahora esa identidad que se ha forjado, y que se ha defendido toda la vida, tiene que "morir".

Una vez escuché al cantautor Facundo Cabral decir: *"Mi llama no se ha apagado, ha cambiado de calidad antes quemaba, ahora ilumina."*

Lo que me atrevería a decir es que a veces se siente como que algo muy profundo en mí se está quemando, y duele. Pero, en realidad, lo que se están quemando son las creencias que consciente o inconscientemente no quiero soltar y por eso se experimenta como muy doloroso. Pero esa luz no me está quemando a mí. Está simplemente quemando lo que no soy. Está quemando la identidad que he forjado sobre mí mismo para, una vez que todo eso se queme, entonces lo que soy pueda cumplir su única función, la cual es iluminar.

No tengas miedo de sentir las quemaduras, porque todo lo que estás haciendo es preparándote para que seas la luz del mundo. No la luz del mundo que perciben tus sentidos. Esa es la proyección. Esa es la mentira. Esa es la trampa. Eres la luz del mundo que ilumina tu mente y que la vuelve íntegra.

Y aunque en el mundo de las formas pueda aparentar que estás ayudando a "otros", la realidad es que estás utilizando a los "otros" como espejo para que puedas ser tú ayudado por tu Maestro Interno a recordar lo que realmente eres. Ese es el precioso regalo que nos ofrecen todas las relaciones. Porque nos llevan a relacionarnos con nosotros mismos a un nivel mucho más profundo y sentido. Y cuando la mente está regida por el miedo el proceso puede experimentarse como muy doloroso. Pero, como he compartido en alguno de mis escritos, una madre está dispuesta a experimentar el dolor del parto porque sabe que forma parte del proceso a través del cual podrá tener a su amada criatura en sus brazos.

Nosotros estamos dando *a luz a la luz misma que somos*. Esa criatura *¡somos nosotros!* Y el deseo profundo de que ese amor que somos nazca y podamos acogerlo en nuestros brazos hace que estemos dispuestos a no huir del dolor que se pueda experimentar. Y ese dolor *no es* necesario, solo que se experimenta así dada la resistencia que existe en la mente, la cual tiene miedo a "morir", para ser resucitada a la vida eterna.

Y cuando hablo de "morir", no estoy hablando de una muerte física. De lo que estoy hablando es de un cambio de percepción. En la Verdad (letra mayúscula) el cuerpo no existe, solo hay vida eterna. Pero mientras me experimento como un cuerpo, el cambio de mentalidad implica que muere mi percepción errada sobre lo que creo ser y nace lo que es permanente en mí, el amor a través del cual puedo ahora relacionarme con todo.

Así que no hay que temerle a la muerte de esa identidad ilusoria. Todo lo contrario, ¿por qué no mejor dejarse morir *lo más rapidamente posible*? Y así, *por primera vez*, podremos experimentar lo que es *¡verdaderamente* vivir!

No Quiero Desearte, Solo Amarte

Cuando miro en retrospectiva observo que la causa de todo sufrimiento en cualquier relación es cuando se confunde el deseo con el amor. Cuando surge un deseo por una persona, por ejemplo, ese deseo viene generalmente cargado con un sinnúmero de expectativas que terminan generando conflicto, pues el deseo, en sí, proviene de una carencia que cree que puede ser satisfecha por eso que se desea.

Cuando hay amor (paz interior) lo que se experimenta es una tranquilidad, un espacio en el que uno quiere compartir, extender su bienestar a todo aquel con quien la vida le ponga en contacto. Todo escenario es bienvenido y bendecido. Se ama a la persona cuando llega, se ama a la persona mientras esté y se la ama cuando se va. Porque como el amor (paz) es lo único que hay, aunque la persona esté o no esté, aunque la situación, sea cual sea, cambie de forma, el amor (la paz) sigue siendo.

Solo que, en un principio, y dado que la dinámica que tiene lugar está regida por el deseo, la vida, muy amorosamente, nos pone en contacto con relaciones para enseñarnos dónde no estamos amando (experimentamos carencia).

Una manera de hacerlo es poniéndonos en contacto con la consecuencia de lo que el deseo conlleva. Un ejemplo podría ser que esa persona que tanto deseo se va con otra. Ahí se abre una herida que me pone en contacto con ese deseo que no era amor, sino carencia, para poder mirarlo y que se me enseñe a contactar con el amor verdadero que soy.

Una vez que esa transformación tiene lugar, empieza uno a relacionarse con el mundo desde un espacio en el que sus relaciones sirven para recordar el amor que somos, no para mendigarlo. Es ahí cuando se pone en contacto uno con el amor propio. Pero, de nuevo, este proceso tiene lugar una vez se miran los obstáculos a ese reconocimiento. Y los obstáculos afloran a raíz del deseo hacia algo "externo" que, al dar lugar a la decepción, da pie al trabajo.

Entonces, cuando el deseo se pone al servicio del miedo se la pasa uno en un interminable círculo vicioso de deseo-dolor, deseo-decepción, deseo-frustración. Cuando, no obstante, el deseo se pone al servicio de la sanación, es como salirse de ese círculo vicioso al observar el deseo y poder parar. Si el deseo sigue latente, uno puede honrar ese deseo, solo que caminando conscientemente de manera que no pierda de vista lo que es importante: el reemplazo del deseo por la paz interior.

Según ese cambio de mentalidad va teniendo lugar, el deseo está siendo reemplazado por amor. En mi experiencia, y solo hablo de mi experiencia, hay tanto condicionamiento detrás de todo deseo que el proceso puede ser muy incómodo, por no etiquetarlo de doloroso. No tiene que ser así, pero para mí ha sido así, porque este proceso me pone en contacto con todas las heridas y memorias que inconscientemente han sido los patrones que han regido mi experiencia de relación en la vida.

Pero cuando ya el propósito es perdonar (paz interna), y no se desea nada más que eso, todo es bienvenido. Hasta el dolor más intenso está acogido, porque si se es consciente de que lo que hay detrás de ese dolor es el amor verdadero, ahora el dolor no es que se tolera ni se "supera", sino que se *atraviesa*.

Cuantas más capas de dolor se van atravesando, más se pone uno en contacto con su verdadera esencia como paz, como amor. Y se va reflejando en nuestra nueva actitud de vida y de relacionarse. Es por eso que esto no se puede explicar, se tiene que vivir. Porque cuando la mente está muy condicionada, aunque en palabras suene muy bien y lógico, el cuerpo-dolor no permite que esta comprensión haga sentido. Solo se percibe dolor y lo único que uno quiere es dejar de sentirlo.

La paradoja, *en mi experiencia* es que, para liberarme de todo dolor tengo que primero sentirlo. Y no estoy hablando de dolor físico. Estoy hablando de dolor psicológico. Porque, incluso con una mente clara y ecuánime, el mismo dolor físico puede ser vivido con una actitud de completa paz y aceptación.

No hay más que hacer. La buena noticia es, cuando la persona está lista, la vida la pone en contacto con los medios para que el apoyo tenga lugar de manera que todo obstáculo pueda ser atravesado, libre de sufrimiento. Uno *nunca* está solo..

Cuando Crees No Estar Sanando, Sí Lo Estás (Confía)

Me gustaría utilizar el siguiente extracto de una enseñanza llamada *Un Curso de Milagros* para elaborar sobre este tema. *"Los que llevan años aprisionados con pesadas cadenas, hambrientos y demacrados, débiles y exhaustos, con los ojos aclimatados a la oscuridad desde hace tanto tiempo que ni siquiera recuerdan la luz, no se ponen a saltar de alegría en el instante en que se les pone en libertad. Tardan algún tiempo en comprender lo que es la libertad."* T-20.III.9:1-2.

Este precioso extracto lo que me recuerda es que al estar toda mi vida identificado con el sistema de pensamiento de miedo, y al haber estado por tanto tiempo haciendo mi trabajo de perdonar, aunque la realidad sea que me encuentre en un espacio más liberado, aun no se siente así. Hay otro extracto que también me encanta del *Curso* que dice: *"Todavía tienes muy poca confianza en mí, pero ésta aumentará a medida que recurras más y más a mí -en vez de a tu ego- en busca de consejo. Los resultados te irán convenciendo cada vez más de que ésta es la única elección cuerda que puedes hacer."* T-4.VI.3:1-2.

En ese sentido, no implica que no haya perdonado o que ninguna sanación haya tenido lugar. Simplemente, implica que la mente se está aclimatando a una nueva perspectiva, ajena a aquella con la que ha estado acostumbrada a identificarse. Este es el proceso en el que la vista necesita aclimatarse a la luz después de haberse mantenido por un periodo largo del tiempo en un cuarto oscuro.

Luego el extracto con el que comencé este escrito continúa:

"Andabas a tientas en el polvo y encontraste la mano de tu hermano, indeciso de si soltarla o bien asirte a la vida por tanto tiempo olvidada." T-20.III.9:3.

Para mí entendimiento esto implica que me pasé toda una vida juzgando y condenando a mi hermano, (a mí mismo debido a que somos parte de una misma mente). Y por eso me encontraba desolado. Ahora que se me presenta la oportunidad de percibir al hermano inocente (reconocer mi propia inocencia), me encuentro indeciso de si seguir condenándolo (condenándome) o de aferrarme de su mano y perdonarlo (perdonarme) para poder recordar el amor (la vida olvidada) que somos (soy).

Luego el extracto continúa:

"Agárrate aún con más fuerza y levanta la vista para que puedas contemplar

a tu fuerte compañero, en quien reside el significado de tu libertad." T-20. III.9:4

Aquí es cuando más consciente tiene uno que ser de que *todo* juicio o ataque hacia un hermano es un juicio o ataque *hacia uno mismo.* Esto trae a mi mente dos extractos del *Curso* que me dicen: *"¿Quién transmitiría mensajes de odio y de ataque si entendiese que se los está enviando a sí mismo? ¿Quién se acusaría, se declararía culpable y se condenaría a sí mismo?"* T-19.IV.B.i.14:11-12. Y el otro extracto: *"El secreto de la salvación no es sino éste: que eres tú el que se está haciendo todo esto a sí mismo."* T-27.VIII.10:1.

Sin embargo, aunque en un principio juicio y ataque surjan a raíz de una mente condicionada, si podemos mirar ese condicionamiento reactivo y parar, ese, en sí, es un indicativo de que un avance está teniendo lugar por lo cual le mente puede hacer una nueva elecció: perdonar. Por eso este extracto que comparto del *Curso* nos recuerda que al estar tan acostumbrados a vivir aprisionados no nos percatamos de la liberación que está teniendo lugar. Por lo tanto, si nos encontramos reaccionando, eso no significa que estamos haciendo algo "mal", solo significa que la mente aún sigue condicionada. Sin embargo, y repito, si en ese momento somos conscientes de ese condicionamiento y ponemos en práctica el perdón, ese es un indicativo de que la mente está empezando a liberarse.

Recordemos que si estuviésemos identificados con el amor puro, libre de condicionamiento, no se experimentaría miedo. Por lo tanto, mientras se siga experimentando miedo, hay trabajo por hacer.

Finalmente, ese párrafo del *Curso* termina:

"Él parecía estar crucificado a tu lado. Sin embargo, su santidad ha permanecido intacta y perfecta, y, con él a tu lado, este día entrarás en el Paraíso y conocerás la paz de Dios." T-20.III.9:1-5-6.

Tu propia crucifixión se percibía en él. Pero aunque tú te percibas crucificado, por consiguiente condenando y atacando, la realidad es que tu inocencia permanece intacta. De nuevo, ese "hermano" del que estamos hablando es simplemente un pensamiento proyectado. Así es que hace perfecto sentido que todo ataque hacia mi hermano tiene que ser por consiguiente un ataque hacia mí mismo. Todo está ocurriendo *en la mente.* Y por eso el perdón nos lleva al silencio. Así es que el discernimiento tiene lugar *en la mente.* El miedo se deshace *en la mente.* El cambio de percepción tiene lugar *en la mente.* La inocencia en mi hermano (que es un pensamiento) se restaura *en la mente.* Y la consecuencia de ello es paz interior, que tiene lugar *en la mente* y así conocerás la paz de Dios (Paraíso).

Cuando la Biblia nos dice *"perdona setenta veces siete"* Mateo 18:22, es un simple recordatorio de que cuando me siento frustrado al sentir que no estoy haciendo "bien" el trabajo, o que el trabajo nunca termina, que este es un proceso que requiere tiempo y paciencia. Por lo tanto, aprendamos a ser amorosos y compasivos con nosotros mismos.

Pero, en un principio, sobre todo cuando la mente está muy condicionada, se requiere mucha paciencia y confianza en el proceso. Pero el proceso trabaja si lo trabajas. Y la paz que se va asentando más y más *en la mente* da testimonio de que perdonar es la puerta a la liberación.

Cuando El Corazón Teme Abrirse ¡Rómpelo!

Cuando tenemos miedo a amar, a abrir nuestro corazón, la tendencia no natural, sino condicionada, es la de cerrar las puertas, la de huir, la de salir de ahí para no sentir ese dolor.

En ese sentido, estamos permitiendo que la oscuridad sea la que siga arropando al corazón. Por consiguiente, el amor se experimenta como algo inaccesible. Si, en vez de huir, me permito sentir esas heridas, por más dolorosas que sean, no como un acto de masoquismo, todo lo contrario, como un acto de apertura, es como puedo, poco a poco, contactar con ese amor que se encuentra tras ellas.

Al principio, reconozco lo difícil y lo doloroso que esto puede ser porque es como entrar en territorio "desconocido". Lo curioso del caso es que el territorio "desconocido" son las heridas y las memorias con las que nos hemos identificado. El verdadero territorio conocido es el amor que somos, que simplemente busca la manera de expresarse. Ese amor siempre nos lleva a relacionarnos con el mundo para ponernos en contacto con esa oscuridad, con esas heridas. Y si les permitimos ser, sin huir de ellas, la luz empieza a alumbrar a través de los huecos y de las grietas que la oscuridad no puede tapar.

He visto cómo cuando me abro a sentir mis miedos más profundos (miedo al rechazo, miedo a ser ridiculizado, a ser juzgado o condenado, a poder sentirme abandonado, miedo a la traición y a todos los derivados del miedo) surge detrás de ello una comprensión que no la puedo explicar. Algo en mí se expande y todo lo que quiero es abrazarlo todo, amar más profundamente.

Lo único que puedo compartir por experiencia personal, y no estoy insinuando que sea un ser "iluminado" o "especial" ni alguien que ya no siente miedo y lo ama todo, es que la puerta directa a ese amor que soy, a ese profundo deseo de unión con todo, es a través de estar dispuesto a atravesar toda herida, todo sentimiento, sea el que sea, tome la forma que tome.

Atravesar esas capas no me están llevando a amar en un "futuro". Simplemente, me llevan a la conciencia del momento presente en el que el amor reside. Este amor no desea nada del mundo. No quiere cambiar nada ni a nadie, ni siquiera "atraer" nada ni a nadie. Quiere, no obstante, *bendecirlo todo*. Eso es lo que lleva al ser humano a sentirse pleno. No es a buscar a quién o a qué amar. Eso es carencia y continúa fortaleciendo el deseo por la búsqueda del amor. Es, simplemente, mirar todos los obstáculos que surgen para ser acogidos, para ser amados y permitir que el amor, que ya está en uno, resplandezca. ¡Eso es todo! Esto no es una ciencia, *es una obviedad*.

Sin embargo, cuántos años me ha tomado percatarme de esta obviedad. ¿Y qué es lo que me ha permitido ser consciente de ello? Todas aquellas personas con las que me he relacionado, directa o indirectamente y que de alguna manera han movido algo en mí. Sobre todo aquellas personas que han movido las heridas más profundas, que, aunque en un principio creí que fueron mis verdugos, ahora es obvio que han sido mis salvadores.

Por consiguiente, cierro este escrito, en vez de diciendo: *"no tengas miedo a amar"*, de la forma en que me ha servido a mí, la cual es diciendo: *"cuando surge el miedo, el dolor a amar, siéntelo, vívelo, arrópalo, acógelo, pues aquello que lo siente, que lo vive, que lo arropa, que lo acoge, es el amor mismo."*

Ese es el primer paso para que empiece uno a ser consciente de ese amor, que aunque sea tan obvio y tan simple, reconozco lo difícil que puede ser, sobre todo cuando las heridas son muy profundas. Pero lo único que puedo compartir, por experiencia personal, es confiar en el proceso.

¿Crees que estas palabras que ahora mismo lees han llegado a tu vida por "casualidad"? ¿Crees que soy "yo" (Nick Arandes, un "sabio") de quien surgen esas palabras? Te puedo asegurar que no es así. El amor que me inspira a escribirlas es el mismo amor que te lleva leerlas para que juntos recordemos.

Cuanto más se practica esto, más se experimenta ese amor, que curiosamente, no es hacia un "otro", es hacia uno mismo dado que solo hay "uno". Ahí el corazón deja de tener miedo porque se vive en amor, se vive en su naturaleza.

¿Es Mejor Pensar "Positivo" Que "Negativo"?

Aunque en la superficie aparente ser que una mente "positiva" es "mejor" que una "negativa", etiquetar un pensamiento como positivo o negativo alimenta el sistema de pensamiento del miedo, lo cual, finalmente, conduce al mismo lugar: sufrimiento. Vamos, entonces, a reflexionar un poco sobre este tema para, por lo menos, poder uno percatarse de cómo el miedo opera y, por consiguiente, no caer en su trampa.

Todo pensamiento que cruza la mente no es ni "positivo" ni "negativo". Simplemente, es un pensamiento neutro. Al etiquetarlo como "negativo", eso genera sensaciones de dolor o de incomodidad. Llámesele como se le llame, genera miedo. Si se le etiqueta como "positivo", puede que genere sensaciones de placer o de comodidad. Y la lógica nos diría que es "mejor" pensar positivo que negativo.

Aquí es donde está la trampa. Cuando etiqueto algo como "positivo", ya he invitado a la posibilidad de lo negativo. Eso es algo de lo que en este mundo dual no nos podemos escapar. Esta experiencia física se basa en polaridades. Por lo tanto, cuando etiqueto algo de una manera, automáticamente su opuesto ha nacido en la mente. No obstante, si puedo vivir una experiencia libre de etiquetas, se experimenta paz. Y la paz no es ni "positiva" ni "negativa", simplemente *es*.

Por eso un prominente doctor de la India le comentó a una persona que estaba muy enganchada a la idea de "mente positiva" que, *"en mi consultorio tengo pacientes que son tan y tan positivos que hasta me enferman"*. Eso descolocó a la persona con la que él estaba hablando y le pidió que, por favor, le explicase lo que quiso decir. Ese prominente doctor le compartió lo siguiente: *"aunque en un principio se podría decir que una mente positiva es preferible a una mente negativa, la realidad es que es una mente agitada, estresada. Lo que en realidad deseamos es una mente aquietada."*

Una mente aquietada es una mente que observa. Una mente agitada (positiva o negativa) reacciona. Reacciona porque una mente positiva, al igual que una negativa, al haber hecho un juicio sobre la experiencia despierta unos patrones de condicionamiento que la lleva a reaccionar. Una persona positiva reacciona ante un estímulo de la misma manera que una persona negativa.

Una mente aquietada, no obstante, puede observar el estímulo, si es que surge a raíz de un juicio inconsciente, y responde acorde a su naturaleza como paz. En ese sentido, paradójicamente, se podría deducir que una mente aquietada es más apta para responder de manera beneficiosa frente a cómo una mente "positiva" respondería, sin etiquetarla como una respuesta "positiva".

Por eso una mente positiva, al igual que una mente negativa, son derivados de una mente que todavía se identifica con el miedo. Una mente aquietada no es ni "positiva" ni "negativa". Es una mente que se podría deducir que es amorosa, ya que el amor no juzga absolutamente nada. El amor no ve ni "positivo" ni "negativo". El amor simplemente *ama*.

Yo no me considero una persona ni "positiva" ni "negativa". De hecho, la etiqueta de "persona" es la que da lugar a todo miedo. Pero ya que estamos hablando como si fuésemos personas, repito que no me considero ni "positivo" ni "negativo", simplemente *soy*. Y mi trabajo diario no es buscar la manera de ser más "positivo", ni encontrar el lado "bueno" de las cosas. Es perdonar.

¿Y cómo se hace eso? Simple: piense lo que piense, sienta lo que sienta, perciba lo que perciba, recordar que *nada significa nada*, que *no tengo idea de nada*, que *no sé absolutamente nada*, ahi queda restablecida la verdadera inocencia en la mente. Esa es la fórmula para una mente aquietada.

Miedo A Mirar El Miedo

La paradoja del trabajo que estamos haciendo para podernos liberar del miedo no es que tengamos que huir de él, sino mirarlo. Este es un mecanismo muy curioso porque está diseñado para no mirar el miedo. En otras palabras, el miedo a mirar el miedo es lo que no me permite mirarlo, porque si lo mirase, el miedo se desharía.

Es como decir que en una pantalla de cine se proyecta la imagen de un demonio aterrador. Tengo tanto terror de mirar esa imagen que prefiero no entrar en el cine. Sin embargo, si quiero superar el miedo de entrar en el cine, tengo que entrar en él y mirar lo que está siendo proyectado sobre la pantalla. Aquí es donde entra el detalle: si entro solo, sería tan aterrorizante que puede que hasta me desmaye. Pero no es porque la imagen tenga ese poder sobre mí, sino porque la estoy interpretando a raíz de todos los conceptos y creencias que tengo sobre la imagen.

Si, por el contrario, entro al cine agarrado de la mano de mi mejor amigo, cuando esa imagen surge y yo cierro los ojos ante el terror, mi amigo me dice: *"lo que tienes enfrente es una imagen proyectada sobre una pantalla. Así que vamos a hacer un ejercicio: quiero que sueltes todos los significados que tienes en tu mente sobre esa imagen, quiero que la mires, relajes la vista para que puedas por lo menos percibir que lo que hay detrás es una pantalla en blanco, pero siendo consciente de que es solo una imagen proyectada sobre la pantalla y no un efecto real. Lo que sea que estés sintiendo, permite sentir esas sensaciones, si es que surgen, solo que liberadas de significado."*

En un principio, al mirar la imagen surgen los condicionamientos que estaban presentes. Pero teniendo presentes las palabras de tu mejor amigo, esta vez traes conciencia. Ahora, mientras estás mirando esa imagen, permitiendo que cualquier sensación que surja tenga lugar, libre de interpretación personal, relajando la vista, cuando menos te lo imaginas te puedes ahora reír de la imagen y, por consiguiente, el miedo de entrar al cine se erradica.

Nuestra experiencia de vida es similar. Nosotros no le tenemos miedo a nada de lo que ocurre en nuestro mundo, más bien es a las historias que nos hemos creído sobre cada una de nuestras experiencias. Y para que ese miedo se deshaga, no se trata de intentar huir de esas experiencias, sino de observar el contenido de nuestra mente que se proyecta a esas experiencias, y eso implica mirar. Pero mirar con un Nuevo Maestro (letra mayúscula), no con el maestro con el que hemos estado mirando hasta este momento. Cambiar de maestro signfica soltar cualquier creencia, cualquier significado que la mente fabrique sobre lo que sea. Eso es todo.

Voy a poner un ejemplo un poquito más cercano a nuestro diario vivir. Digamos que estás en una relación de pareja y el miedo más aterrador es que tu pareja se vaya con otra persona. En realidad, el miedo no es a que tu pareja se vaya con nadie, aunque aparente serlo. El miedo surge a raíz de todas las creencias que tienes sobre lo que tú crees que necesitas de la pareja, lo que la pareja representa para ti, que en ese caso sería tu "fuente" de amor y de felicidad. Si ese condicionamiento se suelta, el miedo a que la pareja se vaya se cae también.

La vida nos presenta los escenarios, cuando estamos listos para ello, si es que fuesen necesarios, de manera que podamos mirar el miedo y ser libarados. Y puede que digas: *"pero me da miedo mirar el miedo"*. Y, de nuevo, yo te digo que no te da miedo mirar el miedo. Simplemente, *no quieres soltar tus interpretaciones*. Ese es el ¡*único problema*!

Pero si sueltas tus interpretaciones, te darás cuenta de algo muy curioso y es que no hay que mirar ningún miedo porque sin interpretaciones el miedo *no existe*.

La Enseñanza Hace Su Trabajo

Una de las cosas que frustra a todo aquel que se embarca en una búsqueda "espiritual" es el sentir que no está "avanzando", que lo está haciendo "mal", que no siente lo que cree que "debería" sentir, etc. Todas esas son trampas muy sutiles que terminan siendo defensas, y que solo tienen la apariencia de que no se le está sacando provecho a la enseñanza. Pero la realidad es todo lo contrario. La Sabiduría (letra mayúscula), que fue Quien puso en marcha la búsqueda, está haciendo Su trabajo en cada instante. Lo que se requiere ahora es paciencia y confianza en el proceso.

Tenemos que tomar en consideración que el condicionamiento profundo que sostiene nuestra identidad, muy gradualmente, necesita ser expuesto a la luz para que sea deshecho. El proceso en sí, creámoslo o no, es muy amoroso porque va exponiendo y deshaciendo los obstáculos al amor muy gradualmente. Pero generalmente se experimenta doloroso porque es como que parte de nosotros está "muriendo". Y la realidad es que tiene que haber una muerte total de nuestras creencias y condicionamientos para que nuestra Esencia, que es paz, pueda aflorar.

Y no se tiene que hacer nada especial, salvo vivir la vida tal como se va presentando, solo que cuando es liberada de expectativas, de creencias de cómo las cosas "deberían" ser o quisiéramos que fuesen, de cómo me "debería" sentir, viviéndose en una aceptación total del instante presente (el único que hay), más se va arraigando el conocimiento de que mi esencia es paz. A raíz de observarse la obviedad de este proceso, no puede uno sino empezar a relajarse. Ahora las creencias se sueltan porque, de antemano, sabemos que todas, sin excepción alguna, son falsas. Todos nuestros puntos de vista se caen porque sabemos que son simplemente opiniones basadas en conceptos limitados aprendidos. Todo esto va teniendo lugar, no a raíz de alcanzar alguna meta o algún "objetivo espiritual", no a raíz de hacer algún tipo de "trabajo especial", simplemente, a raíz de vivir este instante, confiando en el camino.

Entonces se puede observar cómo la Sabiduría Universal está haciendo el trabajo sin necesidad de "yo" hacer nada. La experiencia misma nos lleva a confiar más y más en el proceso hasta el punto en el que se da uno cuenta de que no hay nada más que hacer, de que todo se está haciendo y de que lo que estoy aprendiendo es a quitarme de en medio.

Llevándolo a lo simple: ¿por qué escribo estas palabras? No sé y, honestamente, me da igual. Esto es lo que está ocurriendo. Y la Sabiduría que las inspira sabrá por qué lo hace. ¿Qué tendrá lugar en este día? No sé y me da igual. Esa misma Sabiduría moverá este cuerpo a hacer lo que sea que se tenga que hacer, a decir lo que sea que se tenga que decir, a pensar lo que sea que se tenga que pensar, a sentir lo que sea que se tenga que sentir, y, en el mundo, a que tenga lugar lo que sea que tenga que tener lugar, dado que va a tener lugar lo que sea que tenga que tener lugar independientemente de mis deseos, opiniones, o preferencias. "Yo" no tengo nada que hacer. O mejor dicho, no puedo hacer nada, aunque aparezca que esté "haciendo" algo o que "pueda" hacer algo.

Este escrito puede resumirse en una sola palabra: *confianza*. Confianza en la vida misma, en que todo está ocurriendo como tiene que ocurrir para beneficio de la vida misma. Confianza en que la Sabiduría está haciendo Su trabajo. Ahora solo me toca terminar de escribir esto y ver qué tiene lugar "luego". Solo que, no existe "luego". Lo único que existe es este instante. Y si lo libero de significado, la mente descansa en este instante y se vive libre de sufrimiento.

Cierro este escrito con las palabras de Ramesh Balsekar:

"... Si solo contemplamos el funcionamiento de la Totalidad sin la motivación personal, sin la visión como individuos, observando simplemente su funcionamiento impersonal, no hay problema. Cuando vemos las cosas desde la perceptividad individual, los problemas no terminan jamás. Pero cuando vemos las cosas desde la visión de la Totalidad, como el transcurso impersonal de los acontecimientos, las acciones se realizan sin un hacedor individual y no hay problemas."

¿Por Qué Amar Es Tan Difícil?

En realidad amar no es difícil, *es nuestra herencia natural*. Solo que mientras quiera seguir sosteniendo la creencia de que soy un "cuerpo separado" amar será imposible. No dije mientras me perciba como un cuerpo, dije mientras quiera sostener la *creencia* de que soy un cuerpo. Porque sostener la creencia de ser un cuerpo es lo que sostiene la creencia fundamental que dice que soy algo "separado" del Todo. El amor es unidad, no separación. Al percibirme "separado" me voy a percibir carente. Eso es lo que me lleva a, constantemente, intentar "unirme" a "otros". Pero esa carencia que me impulsa a "unirme" a "otros" proviene del miedo. Por consiguiente, sin darme cuenta, lo que hago es alimentar el miedo y es por eso que amar es imposible.

Pero según me voy haciendo consciente de que lo que realmente soy es conciencia y no cuerpo separado, empiezo ahora a observar cómo todo forma parte de mí y, en vez de excluir, empiezo ahora a incluirlo todo. Incluirlo todo implica todo aquello que en un pasado rechazaba y condenaba. Porque, al ser consciente de que soy conciencia y no individuo separado, reconozco que todo aquello que condenaba o rechazaba tiene que formar parte de mí. Esa aceptación de todo es una aceptación del amor que soy.

La razón por la cual, en un principio, este trabajo se experimenta como algo muy difícil y doloroso es porque para reconocer ese amor que soy los obstáculos a ese amor necesitan ser expuestos. En un principio, esos obstáculos se perciben como algo "ajeno" a mí. En otras palabras, al percibirme como un cuerpo separado, esos obstáculos tienen la forma de "otros" cuerpos separados comportándose de cierta manera que, de una forma u otra, hacen aflorar la rabia, la ira, el resentimiento, el sufrimiento, el dolor, el victimismo, en fin, el miedo que hay en mí. Y es por eso que amar se percibe como algo no solo difícil, sino imposible.

Pero, según todas esas partes oscuras empiezan a ser abrazadas y aceptadas, de manera que puedan ser transformadas por el amor que soy, esa comprensión de que soy amor se va integrando. Porque sé que si lo que soy es consciencia, todas esas partes tienen que provenir del mismo origen del que yo provengo. Ese origen es conciencia o amor. Es eso por lo que se dice que para ser consciente de la luz que hay en mí necesito primero atravesar todas las nubes. Según ese reconocimiento se va arraigando, aunque me perciba como un cuerpo, surge la tendencia natural de querer amarlo *todo*. Eso incluye no solo a todos los "otros" aparentes cuerpos, sino a *todo*. Ya ese deseo no es el de poseer otros cuerpos, sino el de amarlo todo, sabiendo que todo lo que estoy haciendo es amándome *a mí mismo*, dado que soy uno con todo.

Ahora al amor no se le dirige a un objeto específico (cuerpo) y se le niega a otro. Ese amor lo incluye todo. Eso es vivir en amor. Si quiero de verdad aprender a amar, tengo que dar la bienvenida a todo aquello que, según mi percepción, lo consideraba como algo no digno de ser amado. ¿Cómo se puede poner esto en práctica en nuestra vida cotidiana? Muy simple. ¿Puedo amar a aquella persona que me traicionó o que me abandonó? ¿Puedo amar al maltratador de animales? ¿Puedo amar al terrorista, al político corrupto, a todo aquel que, de una forma u otra, siento que me haya hecho daño o que le haya hecho daño a algún ser querido? Y la lista es interminable.

Entiendo lo difícil que esto podría ser. Pero recordemos de nuevo, solo cuando me creo ser un cuerpo separado, dicho de otra manera, una entidad separada de todo, es que amar a todos estos "individuos" se ve como algo imposible. Pero si tomo conciencia de que lo que soy es conciencia y no individuo separado, lo que estoy diciendo es que todas esas "personas" que utilicé como ejemplo, forman parte de mí, dado que todos formamos parte de la misma Fuente. Y hasta que no pueda ver a todas y cada una de esas partes libres de pecado, o dicho de otra manera, inocentes, es imposible que pueda reconocerme yo como inocente. En otras palabras, o amo o *me* condeno.

Por eso se nos recuerda que esos hermanos son mis salvadores. ¿Por qué son mis salvadores? No porque sus actos sean "correctos" o "incorrectos", sino porque a través de sus actos me ponen en contacto con el miedo escondido que se encuentra en mí.

Yo no estoy de acuerdo con la forma de actuar de un maltratador de animales, ni de un terrorista, ni de un político corrupto, ni de ningún individuo que, de una forma u otra, le pueda hacer daño a otros. Pero si quiero aprender a amar, y esos individuos me ponen en contacto con todo el miedo que hay en mí, necesito atender ese miedo para poder ser consciente de lo que está detrás. Una vez que el amor se establece en mí, el cual, de nuevo, "ellos" solo me lo hacen ver si todavía me percibo como algo separado del todo, puedo darme cuenta de que "ellos" no actúan en base a ser "malas personas". Actúan en función del miedo que hay en ellos al percibirse separados,

   ¿Por Qué Amar Es Tan Difícil?

que es el mismo que existía en mí cuando los juzgaba, porque, repito, me sentía separado. En ese sentido, "ellos" y "yo" tenemos el mismo problema, solo que "ellos" lo expresan de una manera, maltratando, y "yo" lo expreso de otro, juzgándolos.

Cuando utilizo conscientemente cada una de mis experiencias para recordar lo que soy, al empezar el miedo en mí a deshacerse, el amor mismo dirige cada uno de mis pasos. Y si la vida requiere de mí que haga algo que, de alguna manera, pueda servir de apoyo para una convivencia más armónica en esta experiencia física, eso tendrá lugar muy orgánicamente. Ese algo puede ser una acción concreta o, simplemente, restaurar la conciencia de amor en mi mente sin tener que hacer nada, respetando el guion de cada uno de mis hermanos, dado que ahí está su oportunidad para sanar, aun cuando no lo comprenda.

Me acuerdo que, estando en el tren, había una pareja muy melodramática. El hombre estaba lleno de ira y le gritaba a su pareja con una intensidad que resonaba a través de todo el vagón del tren. En un momento, el individuo sale del vagón hacia otro vagón enfadado, tirando de las puertas muy abruptamente. Ella se queda en el vagón completamente desconcertada. Luego él regresa, aun enfadado, pero más callado, y se sienta en el asiento de nuevo. Ella trata de hablarle y el explota de nuevo. Era una relación pasiva-agresiva de pura codependencia, necesidad y abuso psicológico.

Yo observaba todo lo que se movía en mí. Si me dejo llevar por el drama y por lo que percibía podía observar cuán fácilmente la mente quería ver a una víctima y a un victimario. Sin embargo, al ser consciente de que soy conciencia y de que lo que estoy percibiendo es porque, de alguna forma surge de mí, no de mí como "persona", sino de mí como conciencia, ahí, aunque percibido como "afuera", se me estaba brindando la oportunidad de ponerme en contacto con ese sentimiento de separación que, en este caso, tomaba la forma de ira en "otros", para recordar, una y otra vez, que solo el amor es real. Ese es un ejemplo de cómo poder utilizar cada escenario que la vida presenta para volver a restaurar la conciencia de amor en mí.

En ese caso, en el que no se requirió que tomase ningún tipo de acción, confío en que el amor estaba dirigiendo el guion de esas "dos personas" y en que cada uno de "ellos" estaba viviendo lo que tenía que vivir para beneficio de su propio aprendizaje. En ese sentido, aunque en la superficie se perciba como que eso que estaba ocurriendo era "imperfecto", era "injusto", a un nivel más profundo de comprensión, al no cuestionar la Sabiduría del Amor mismo, sé que forma parte del plan del Amor mismo. Por consiguiente, ¿quién soy yo para juzgarlo?

Así es como se restablece el amor en mí y todos esos escenarios se me presentan con ese único propósito. Por lo tanto, aunque en momentos se experimente como doloroso, dada mi ignorancia, todo escenario es bienvenido porque sé que me está poniendo en contacto con los obstáculos al amor *en mí* para darme cuenta de que la realidad es que no es difícil amar. Todo lo contrario, *es lo más natural*, siempre y cuando sea consciente de que no soy este "individuo separado" del todo, sino que lo que realmente soy es conciencia o, para efectos de este escrito, lo que realmente soy es *amor*.

¿Cómo Se Deshace el Miedo?

Es curioso cómo surge la pregunta *"¿cómo se deshace el miedo?"* sin darnos cuenta de que esa es la pregunta que nunca nos lleva a la respuesta. La pregunta, que en mi experiencia apunta en dirección al deshacimiento del miedo es: ¿quién es el "yo" que tiene miedo?

Nisargadatta Maharaj una vez dijo que la gente utiliza la devoción para buscar solución a sus problemas, pero no porque deseen la Verdad.

Cuando la gente suele hacer preguntas como la de *"¿cómo deshacerse del miedo?"* o *"¿cómo resolver algún problema?"* no se están dando cuenta de que se siguen identificando con el "yo" que se creen ser (individuo, cuerpo). Y ese "yo" es el problema mismo porque es el obstáculo que no les permite ser conscientes de que su realidad es Conciencia y no cuerpo-mente separado.

Lo que mi experiencia me muestra, una y otra vez, es que un profundo deseo por la paz no es la búsqueda de respuestas a preguntas, sino que es liberar a la mente de todos los conceptos aprendidos, sumergiéndose en esta experiencia presente. Es un espacio total de aceptación que no puede ser descrito. Intentando ponerlo en palabras, lo que surge a través de mí es que no hay una búsqueda de nada. No hay un deseo por que algo cambie o por que las cosas sean diferentes. Más bien, estoy donde estoy, tengo lo que tengo, siento lo que siento y todo está perfectamente aceptado, no porque sea "bueno" o "placentero", dado que su opuesto es igual de aceptado, sino simplemente porque es Lo Que Es.

Esa es una mente despojada de significados, una mente despojada de interpretaciones, o una mente, resumido en una sola palabra, libre. ¿Libre de qué? Si a nada se le otorga significado, obviamente libre de miedo, porque el miedo es el significado que se proyecta a la experiencia presente. Y ese significado tiene lugar cuando la mente se identifica con este "yo".

En mi experiencia -y no estoy asumiendo que no experimente miedo- observo que todo miedo surge a raíz de una identificación con este "yo". Solo que, en vez de hacerme preguntas como las de *"¿cómo puedo soltar el miedo?"* o *"¿cómo puedo resolver algún problema?"*, etc., todo lo que tengo que hacer es abrirme totalmente a la experiencia, tal y como se presenta. Con todos los sentimientos que estén teniendo lugar. Con todos los pensamientos que estén surgiendo. Y en esa rendición total, descanso en la paz que Soy.

Es por eso por lo que toda filosofía que apunta hacia la Verdad dice, una y otra vez, *"no tengo que hacer nada"*.

Desde ese espacio de rendición total a Lo Que Es, si hay algo que este organismo cuerpo-mente tiene que hacer será dirigido a hacerlo.

Por eso es por lo que no tengo que preocuparme por qué hacer o decir en cada momento, pues la confianza absoluta en la experiencia presente, libre de interpretaciones, es lo único que se requiere de "mí". De ahí en adelante, lo que sea que termine "haciendo" formará parte del plan que la vida tiene para mantener el recuerdo en "mí" de lo que realmente Soy (Eso que no puede ser descrito con palabras, pero que no es este individuo separado).

Y la experiencia más cercana a Eso que, a su vez, puede experimentarse en esta experiencia física, sería paz interior. Y donde hay paz no puede existir el miedo. Y en ausencia de miedo, lo único que hay es lo que siempre ha sido, Lo Que Es, y lo que siempre será: Amor.

Cuando Es Difícil Perdonar...

Poner en práctica el perdón, o perdonar, aunque es extremadamente simple, reconozco que no es fácil. No es fácil simplemente porque el perdón, o mejor dicho, el deseo profundo por perdonar, expone todos los obstáculos al amor que se encuentran escondidos en lo más profundo del inconsciente.

En mi experiencia -la cual no pretendo insinuar que sea la verdad absoluta, no obstante, solo puedo hablar de ella-, el ser consciente, aunque sea intelectualmente, de cómo opera el sistema de pensamiento del miedo me ha servido de gran ayuda para sacarle provecho al proceso de perdonar. Me explico: el mero hecho de saber que todo lo que siento proviene de mí, que todo lo que veo es una proyección de la mente, que nadie, y esto me incluye a mí, opera a raíz de una voluntad "personal", sino que es la voluntad de la conciencia actuando a través de ellos, ese entendimiento me ayuda a tomar completa responsabilidad de mi experiencia presente. Por consiguiente, no puedo ni culpar ni culparme.

Esto no implica que los sentimientos que estén surgiendo en este momento no los sienta. Esto no implica que la mente, inmediatamente, pare de dejar de identificarse. Pero sí implica que se abre un espacio para que la sanación pueda tener lugar. Esa actitud es la que permite que la mente deje de fabricar historias y que ya no arrastre los sentimientos de miedo por un espacio de tiempo prolongado. Pero como es el miedo el que se está exponiendo para ser liberado, dentro de nuestro concepto de tiempo y espacio, puede que en ocasiones requiera mucho tiempo antes de que se establezca la paz mental.

Es por eso que enseñanzas como la Biblia, por ejemplo, dicen en relación a cuántas veces perdonar: *"No te digo hasta siete, sino aun hasta setenta veces siete"*. Mateo 18:21-22. O para estudiantes de *Un Curso de Milagros*, *"Ahora debes aprender que solo la paciencia infinita produce resultados inmediatos."* T-5.VI12:1. El enfoque que quiero hacer sobre ese extracto del Curso que compartí no es la parte que dice *"resultados inmediatos"*, pues es ahí donde el sistema de pensamiento del miedo pone la atención, lo cual perpetúa el miedo debido a la resistencia que tiene lugar a la experiencia presente. El enfoque va dirigido a la parte que dice *"paciencia infinita"*. Porque cuando hay paciencia infinita hay paz interna.

Volviendo a mi experiencia, la paciencia infinita me lleva a vivir una experiencia sin resistencia, confiando en que el perdón está haciendo su trabajo. Eso me apoya para estar en paz, incluso mientras los sentimientos de incomodidad puedan estar todavía presentes. Solo que esta vez no se les alimenta, sino que se observan. Puede haber incomodidad, pero no sufrimiento. Y mi experiencia me muestra, una y otra vez, cómo todo, sentimientos, experiencias, acontecimientos, se convierten en nubes pasajeras que forman parte de la experiencia de vida, pero que a un nivel más profundo no afectan a mi esencia. Y eso es lo que a final de cuentas no queremos perder de vista. Que no somos este "cuerpo separado", sino que somos la esencia en la que la "experiencia humana" tiene lugar. Sí, se sigue viviendo la experiencia humana como si fuese nuestra "realidad", pero el cambio de actitud apoya a que la misma experiencia, incluso los momentos difíciles, se vivan libres de sufrimiento.

Es por eso, y repito, que el entendimiento intelectual me ha servido como base para entender cómo el sistema de pensamiento del miedo opera y, así permitir que el cambio de mentalidad pueda tener lugar. Y por eso es por lo que el proceso es *simple*. No requiere nada de mí, sino solo *confiar*. Según la experiencia misma nos muestra la eficacia del proceso, esto se va convirtiendo en un hábito. El perdonar se convierte ahora en nuestro modo de vida, en nuestra única función. Ya no hay nada ni nadie a qué o a quién culpar. Lo que hay es Lo Que Es, este momento presente, con todo lo que traiga: sensaciones "cómodas" e "incómodas", experiencias "agradables" y "desagradables", pensamientos "positivos" y "negativos". Pero cuando se les despoja de significado, cuando se sueltan las etiquetas "agradables-desagradables", "positivos-negativos", lo que queda es Lo Que Es, y ahora todo está bien. Perdona setenta veces siete significa que cuando la mente por hábito le quiera proyectar algún significado a algo, que quiera justificar lo que esté sintiendo o percibiendo, que quiera proyectar culpa hacia algo o hacia alguien, parar por un momento y tomar completa responsabilidad de que nada está teniendo lugar "afuera" y que todo ocurre acorde a una Voluntad (letra mayúscula) cuyo plan es restaurar en la mente el Amor Verdadero.

Esto es algo que no tiene que ser entendido, sino aceptado. Esa aceptación es sinónimo de paciencia infinita.

Cuando Estás Bien Contigo...

Mi experiencia muestra una y otra vez que el mecanismo interno que me conduce a culpar tiene que ver con cómo me siento conmigo mismo. Si me siento bien conmigo mismo puedo observar qué tan fácil me es ser tolerante, compasivo y comprensivo con mis hermanos, independientemente de lo que hagan. No obstante, cuando me siento mal conmigo mismo, la mente tiene la tendencia a proyectar esa incomodidad hacia "afuera". Y siempre va a encontrar testigos para poder justificar ese malestar.

Cuando soy consciente, aunque sea intelectualmente, de que el mundo constantemente me está mostrando el estado en el que me encuentro conmigo mismo, puedo inmediatamente tomar conciencia, y cualquiera que sea la incomodidad que esté experimentando en ese momento simplemente vivirla. No tengo que hacer nada en absoluto. Y es así como la Sabiduría Interna puede hacer Su trabajo, sin interferencia del condicionamiento.

Es por eso por lo que este trabajo es simple. No dije "fácil", pero sí es muy simple, porque no requiere nada de "mí", salvo observar cuán fácilmente la mente se identifica con las imágenes y con las sensaciones, para traer presencia.

Traer presencia simplemente es observar sin juzgar (sin justificar). En un principio esto es muy difícil porque la mente suele, solo por hábito, identificarse con lo que siente, con lo que piensa, con lo que hace, como si fuese su identidad. Ahora lo que se está haciendo es, al despojarle a todo lo que ocurre de significado, permitir que la mente deje de identificarse con las experiencias y permitirle ser la testigo.

Por lo tanto, según se puede tomar conciencia, la vida se vive, "yo" no la vivo. No es "mi" vida, es "la" vida. No son "mis" sentimientos, son "los" sentimientos. No son "mis" sensaciones, son "las" sensaciones. No son "mis" pensamientos, son "los" pensamientos. No son "mis" circunstancias, son "las" circunstancias. Nadie me está haciendo nada a "mí", las cosas "se" hacen. Nadie me está diciendo nada a "mí", las cosas "se" dicen. Este no es "mi" cuerpo, es "el" cuerpo. Y así sucesivamente…

Así, la mente va poco a poco soltando su posición fija en su identificación con este "yo" que me creo ser y va gradualmente identificándose con su Esencia y esto ya es algo de lo que no se puede hablar, pues las palabras van más allá de esta descripción, pero sí apuntan en dirección a la experiencia al usar una descripción.

Volviendo a la temática con la que comencé este escrito, cuando la mente está muy identificada, proyectando culpa y victimismo, es porque en algún recodo de la mente no me siento bien conmigo mismo. Y solo se requiere una sola cosa de mí: *aceptación total a Lo Que Es*. No tengo nada más que "hacer". La mente se desidentificará cuando le toque. Pues la identificación, si la miramos conscientemente es, nada más y nada menos, que el significado que se le proyecta a las imágenes (experiencias, sensaciones, palabras, circunstancias,...).

Hay un extracto de una enseñanza titulada *Un curso de milagros* que me recuerda:

*"El Espíritu Santo, sonriendo dulcemente, percibe la causa y no presta atención a los efectos. ¿De qué otra manera podría corregir tu error, cuando has pasado por alto la causa enteramente? Él te exhorta a que lleves todo efecto temible ante Él para que juntos miréis su descabellada causa y os *riais juntos por un rato. Tú juzgas los efectos, pero Él ha juzgado su causa . Y mediante Su juicio se eliminan los efectos."* T-27.VIII.9:1-5.

Ahora en paréntesis pongo mis anotaciones:

"El Espíritu Santo (Sabiduría Interna), *sonriendo dulcemente, percibe la causa* (mente) *y no presta atención a los efectos* (proyección, imágenes, sensaciones percibidas). *¿De qué otra manera podría corregir tu error, cuando has pasado por alto la causa* (que todo es una proyección de la mente) *enteramente? Él te exhorta a que lleves todo efecto temible ante Él* (a que sueltes tus interpretaciones) *para que juntos miréis su descabellada causa* (puedas ser consciente de que es la mente que las proyecta) *y os riais juntos por un rato. Tú juzgas los efectos* (las proyecciones como reales), *pero Él ha juzgado su causa* (la mente que las sueña). *Y mediante Su juicio* (imágenes despojadas de significado) *se eliminan los efectos* (dejas de identificarte con tu manera de percibir la experiencia física y la mente descansa en paz)."* T-27.VIII.9:1-5.

En resumidas cuentas, cuando la mente está identificada, cuando el miedo acecha, cuando el sentimiento de preocupación se apodera de nuestra experiencia presente, no hay nada que hacer, sino recordar:

"El perdón, en cambio, es tranquilo y sosegado, y no hace nada. Simplemente observa, espera y no juzga." W-pII.1.4:1-3.

Otra manera de decirlo:

"El milagro llega silenciosamente a la mente que se detiene por un instante y se sumerge en la quietud." T-28.I.11:1.

O como lo dice la Biblia: *"Mantente quedo y recuerda que soy Dios."* Salmos 46:10.

Como podemos ver, no es nada complicado. Fácil, quizás, no. Pero simple, indiscutiblemente.

Cuando La Mente Ama Lo Que Piensa, Ama Todo...

"Cuando la mente ama lo que piensa, ama todo lo que percibe porque todo es una proyección de lo que está adentro." Byron Katie.

Para mí este comentario de Byron Katie es la base de la paz y de la felicidad. Reflexionemos un poco sobre ello. La mente piensa todo tipo de pensamientos. El cuerpo siente todo tipo de sensaciones. El mundo tiene todo tipo de circunstancias. Y aunque todo es un pensamiento -incluso "yo" soy un pensamiento dentro de la mente que me piensa- para efectos de este comentario utilizaré conceptos como pensamientos, sensaciones y circunstancias como si las mismas fuesen diferentes entre sí; como si un pensamiento fuese algo diferente de una sensación y, a su vez, algo diferente de una circunstancia. Pero, a final de cuentas, es todo lo mismo.

Prestemos mucha atención. Toda filosofía espiritual, de una forma u otra, hace hincapié en no juzgar, y lo dice de muchas maneras, utilizando inclusive analogías, parábolas, todo tipo de ejemplos, pues sabemos que la única razón por la cual el sufrimiento tiene lugar es a raíz de una interpretación (juicio). Si no me gusta (juzgo como "negativo", "incorrecto") lo que pienso, lo que siento, lo que ocurre en mi experiencia de vida, sufro. Si, por el contrario, me gusta (juzgo como "positivo", "correcto") lo que siento, lo que pienso, lo que ocurre en mi experiencia, aunque en la superficie aparenta como que es la clave de la felicidad y de la paz, todavía estoy distraído.

Aquí es donde se necesita profundizar. Cuando la mente se identifica con el cuerpo como su "realidad", sea lo que sea que tenga lugar, será interpretado de manera que se experimente placer o dolor. Pero cuando la mente es consciente de que su Realidad (letra mayúscula) es Mente Soñadora, donde no hay una identificación con el "cuerpo", lo que queda es paz y aceptación de Lo Que Es.

Entonces, hablando a nivel práctico, para no quedarnos con conceptos esotéricos, no es que tenga que "amar" mis pensamientos, mis circunstancias, mis sentimientos. Si sustituimos el significado en la palabra amar por aceptación, una mente que acepta lo que piensa, que acepta lo que siente, que acepta cada circunstancia, en fin, todo lo que percibe, está amando todo lo que piensa, todo lo que siente, todo lo que ocurre. Porque amor (aceptación) es lo que está adentro. Y su manera de percibir lo que piensa, lo que siente, lo que ocurre lo corrobora.

Eso es vivir en paz con Lo Que Es. Eso es ser verdaderamente feliz. Porque la felicidad, la paz de la que ahora estamos hablando no es condicionada por lo que la mente piense, por lo que el cuerpo sienta, ni por lo que tenga lugar en el mundo que, como sabemos, todo en el mundo cambia. Esa paz, esa felicidad, está anclada en ese espacio interno ecuánime en el que ningún pensamiento, ninguna sensación y ninguna circunstancia pueden afectar. El que está identificado con ese espacio, no puede sino amarlo (aceptarlo) todo. Y, de nuevo, amor (aceptación) es lo que va a percibir en todo, porque eso es lo que está adentro.

Por ejemplo, durante mi estancia en Ciudad de México me agarró una gripe en la cual sentí mi cuerpo dolido y con malestar y la sensación, obviamente, no era cómoda. No obstante, cuando se le despoja de significado a la experiencia misma, estaba amando la gripe. No implica que no tomara vitamina C, ni que tampoco me dejara de atender y de cuidarme. Hice lo que cualquier persona haría para sentirse mejor, solo que, en total aceptación de Lo Que Es, estuve amando todo el proceso. Y como estaba amando (aceptando) todo el proceso, porque eso es lo que estaba en mi "interior", en mi "exterior" -aunque en una mente identificada con el miedo hubiese percibido esa circunstancia como indeseable-, para mí era una circunstancia perfecta. No hubiese querido que fuese diferente.

Entiendo que cualquiera podría decir que cuando se habla de una gripe puede que la aceptación sea más fácil de aplicar pero ¿qué hay de una enfermedad terminal, de un gobierno corrupto, de un ataque terrorista, de personas inocentes siendo asesinadas, de la pérdida de un ser querido, etc.?

Comprendo perfectamente cómo para una persona que se cree que su realidad es cuerpo separado le es imposible asimilar lo que aquí se está compartiendo. Y por eso reconozco que este comentario no es para todo el mundo. Por eso hay una frase en la Biblia que dice: *"El que tiene oídos, que oiga."* [Mateo 11:15]. Es otra manera de decir, para aquellos que estén listos, el mensaje será comprendido. Mientras tanto, los que no estén listos continuarán el camino que tengan que recorrer hasta que a raíz de su experiencia estén preparados para una nueva comprensión.

Volviendo a la practicidad de este comentario, solo aquellas personas que estén ya listas y abiertas a esta manera de vivir la vida, la cual es diametralmente opuesta a como se nos ha enseñado a vivir, en todas esas circunstancias, sean cuales sean, independientemente de cuán "negativas" aparenten ser, si se les despoja de juicio (de significado), en total aceptación de Lo Que Es, estarán amando (aceptando). Y dado ese el caso, no hay nada que tuviese lugar en cada experiencia que no pudiese ser amada. *Eso es liberación.*

Cuando Se Cuela la Esperanza...

He aprendido que cuando se cuele la esperanza en mi vida, quiero sustituirla inmediatamente por la paz. La esperanza, aunque en la superficie se vea como algo "optimista" o "positivo", lo que hace, para mí, es ponerme en resistencia con la experiencia presente.

Mi experiencia continúa siendo que la paz solo la experimento cuando vivo en total aceptación de mi experiencia presente, sea como sea que la misma se presente. Porque si confío en el plan de la Vida, si confío en el amor como mi Fuente, tengo que confiar que lo que sea que esté teniendo lugar en cada momento tiene que formar parte de ese plan, de Su voluntad.

No tengo que entenderlo. Esa no es mi responsabilidad. Solo aceptarlo. Y no es que tenga que "aceptarlo", pues si está ocurriendo, no hay nada que pueda hacer al respecto. Pero, de nuevo, he aprendido que si hay aceptación, hay paz.

Por consiguiente, mi deseo más profundo siempre es vivir en paz con mi experiencia presente. Este instante es el regalo que la vida me ofrece para recordar el amor que hay en mí. Ese amor no rechaza nada en absoluto. Ese amor no desea que las cosas sean diferentes. Ese amor solo quiere ser reconocido en este instante, el único que hay. Mi única oración, aunque yo prefiero llamarlo reconocimiento, es: *solo se hace Su voluntad*. Y de ahí en adelante, confío en lo que tenga que tener lugar en mi experiencia. No hay más que "hacer" por "mi" parte.

En este instante Su voluntad es que "yo" escriba estas palabras y que "tú" las leas. ¿Por qué lo siento así? Porque eso es lo que está ocurriendo. Es *¡así de simple!*

¿De Qué Me Sirve Cualquier Tipo De Práctica O Técnica Si Hay Personas Que No Soporto?

En el ámbito del despertar de la conciencia, o espiritualidad contemporánea, hay una infinidad de prácticas bellísimas que sirven de apoyo y a través de las cuales el amor se puede extender. No obstante, el ego también se apodera de esas prácticas que, aunque en un principio pudiesen haber sido inspiradas por el amor, el ego las utiliza para perpetuar su sentido de separación, para supuestamente alcanzar estados "elevados de conciencia", o incluso "iluminarse".

Este escrito es inspirado, no como un juicio hacia ninguna práctica, sino para recordar que el propósito de cualquier práctica, en última instancia, es apuntar en dirección hacia la Verdad (Amor). Mi entendimiento es que el estado de conciencia más "elevado", si es que voy a emplear esa palabra como adjetivo, sería ser consciente de que soy amor.

Ese amor que soy se experimenta a raíz de cómo me relaciono con el prójimo, no de qué práctica yo haga para "mejorarme" o para alcanzar ningún estado de conciencia "especial". Si cuando me relaciono con mi hermano lo que surge es juicio, resentimiento, en fin, miedo, no estoy amando. Y si no estoy amando es porque he pasado por alto la naturaleza de lo que realmente soy.

Por lo tanto, en mi experiencia, el barómetro que dicta si de verdad estoy en un estado de conciencia que va más acorde con mi naturaleza como ser, no es qué tan "bien" hago una postura física, o qué tan "bien" medito, o qué tan "bien" domino una técnica de respiración o mantra, o lo que sea, ni siquiera cuántas veces al día rezo y leo libros o visito el templo, iglesia, sinagoga, etc., sino si me siento unido a mi hermano. Porque si soy consciente de que mi hermano es un reflejo de mi estado de conciencia, constantemente me va a estar mostrando lo que hay en mí para poder sanar y así no perder de vista mi naturaleza como amor.

Es por eso por lo que cada vez me doy más cuenta de que la práctica "espiritual" más importante y más efectiva es observar cómo me estoy relacionando con mis hermanos. Esto se aplica a todo tipo de relaciones: desde una relación más íntima, como lo es con la familia o con aquellas personas muy cercanas a mí, hasta con todo aquel que la vida me ponga enfrente en cada momento. Y no solo lo llevo al ámbito físico, sino al ámbito mental también. En otras palabras, el mero hecho de pensar en alguien forma parte de ese relacionarme.

Así que cuando me preguntan si yo hago algún tipo de práctica, mi respuesta es que sí. Mi práctica es perdonar. Una vez tengo claro que el perdón es mi única función, lo que sea que termine haciendo en el mundo de las formas es secundario. Hay personas que se sienten inclinadas a hacer prácticas que les apoyan a no perder de vista su deseo profundo por amar. Y en ese sentido cualquier tipo de práctica es beneficiosa. En lo que quería hacer hincapié es en que el ego utiliza prácticas para convencerse de que está "avanzando" o de que va a "alcanzar" algo, manteniendo la atención en sí mismo. Me he topado con personas que se adhieren tanto a sus prácticas que las idolatran de tal manera que se convierten en dioses por derecho propio, perdiendo así de vista lo que en realidad importa: estar en paz con uno mismo y, por consiguiente, con todos.

Hace muchos años salía con una mujer cuya mamá estaba muy comprometida con la metafísica y se consideraba una mujer muy "espiritual". Y aunque su mamá meditaba todos los días, muy diligentemente, era una mujer muy impaciente y reactiva. Un día la invitaron a pasar un fin de semana en un barco con su hija y sus nietos y le entró un ataque de ansiedad porque tenía miedo de que con todo el bullicio no fuera a poder meditar. Aquí tenemos un perfecto ejemplo de cómo el miedo (ego) se apodera de las prácticas espirituales con el propósito de perpetuar separación en vez de unión, de incrementar miedo en vez de amor.

Por lo tanto, una prueba que se podría hacer es, digamos que te levantas a las ocho de la mañana para hacer tu práctica, sea cual sea, y ese día tu hijo se levantó un poco más temprano y te pidió que si era posible que lo ayudases con algo muy importante. Eso implicaría que no ibas a poder hacer esa práctica en el día de hoy porque en una hora tendrías tú que salir a tu trabajo. Si te enfadas porque crees que tu práctica es más "importante" que una petición de ayuda de tu hermano, cuestiona entonces si esa "práctica" de verdad te sirve.

Todo lo dicho no implica que tengas que decir que sí a todo el mundo y dejar a un lado tus preferencias en el momento. Eso no es de lo que estoy hablando. Lo que estoy diciendo es que en este mundo *nada es importante*. No obstante, si permites que la voz del amor en ti se exprese, habrá momentos en los que lo más amoroso sería decirle "sí" a tu hijo (o a quien sea) y poner esa práctica a un lado, de la misma manera en que habrá momentos en los cuales tendrás que decir "no" a tu hijo (o a quien sea) y darle prioridad a la práctica.

Simplifico este escrito con lo siguiente: el amor no requiere de ninguna práctica porque el amor *Es*. Este instante presente, es amor. Si despojo este instante presente de cualquier significado, si lo acepto tal y como es, estoy amando. Y como una vez dijo San Agustín: *"ama y luego haz lo que quieras"*. Si desde el amor hacer lo que quieres es hacer una práctica, sea la que sea, bienvenida sea. Pero ya la práctica deja de ser un obstáculo al no ser un requisito. Es simplemente lo que tiene lugar en este momento presente.

Y si en este instante presente crees que "tienes" o "debes" hacer alguna práctica, es porque eso es lo que toca en tu guion y no hay necesidad de sentirse culpable por ello. De la misma manera que la conciencia me inspiró a escribir este escrito, esa misma conciencia te llevó a leerlo. Lo que tenga lugar de aquí en adelante está fuera de "nuestro" control.

Diga Lo Que Diga, Siempre Voy a Perder

Toda filosofía no-dual siempre habla de que solo hay una Mente, una Conciencia (Dios). En el budismo se habla de que solo hay un ego que aparenta ser muchos. En la Biblia se habla de que *"Porque con el juicio con que juzguéis, seréis juzgados; y con la medida con que midáis, se os medirá."* [Mateo 7:2] al igual que *"Yo y el Padre somos uno."* [Juan 10:30] (Utilicé extractos de la Biblia ya que, aunque la Biblia sea dual, el mensaje de Jesús en su esencia apuntaba hacia la no-dualidad). En el Advaita se habla de que solo hay Conciencia y Conciencia es lo único que hay. Uno de los muchos extractos de una enseñanza titulada *Un Curso de Milagros* dice: *"El secreto de la salvación no es sino éste: que eres tú el que se está haciendo todo esto a sí mismo. […] Pues no reaccionarías en absoluto ante las figuras de un sueño si supieses que eres tú el que lo está soñando. "*. T-27.VIII.10:1-5. Y podría seguir citando extractos de toda filosofía de contenido espiritual y encontraríamos cómo todas apuntan en dirección hacia nuestra Verdadera Esencia (no-dual).

Entonces, ¿por qué he titulado este escrito *"diga lo que diga, siempre voy a perder"*? En los últimos años he observado más detenidamente cómo a veces experimentaba conflicto interno cuando intentaba expresar mi punto de vista. Obviamente, si creo que mi punto de vista es el "correcto", siempre habrá conflicto. Pero a lo que voy es a que aun cuando, quizás, haya visto muchas cosas que se hacen con la espiritualidad, incluso obvias tergiversaciones de enseñanzas, no importa si expongo mi punto de vista, siempre voy a perder. Porque si todo lo que tiene lugar es una proyección, y es conmigo con quien estoy interactuando, si hay conflicto en mí, ese conflicto se lo voy a proyectar a cualquier imagen que se perciba como algo "aparte" de mí y es como si a esa imagen le diese un guion que dijese: *"diga lo que diga, tienes que contradecirme, tienes que atacarme"*. Entonces, cuando me encuentro intentando hacer que esa imagen "entienda" lo que le comparto, y no lo hace, o me contradice, o me ataca, me siento "mal", pues no me estoy dando cuenta de que esa imagen solo estaba reflejando mi deseo de sentirme atacado, mi deseo de sentirme mal, mi deseo de sentirme separado.

Y aunque lo sepa conscientemente, es muy curioso cómo me he visto caer en el juego. Por ejemplo, hace un tiempo atrás estaba hablando con una persona, y esa persona me compartía lo que había perdonado, lo que había sanado, etc. Lo curioso es que solo alguien que se percibe como persona dice "'yo' he perdonado" o "'yo' he sanado", y así sucesivamente. Era obvio que esa persona no era consciente de que la no-dualidad implica que no hay un "yo" que hace nada. Pero de eso no se puede hablar porque eso implicaría que hay un "yo" hablando de ello. ¿Ves la trampa y la paradoja?

Así que, me encontraba intentando explicarle que siempre y cuando haya una identificación con un "yo" que dice que ha "perdonado" o "sanado" o lo que sea, sigue siendo el ego. Porque, aunque desde su experiencia humana puede que sí haya experimentado algunas experiencias de perdón y de sanación, a lo que voy es a que la no-dualidad implica la ausencia de un "yo" separado. Y la experiencia humana es una experiencia de separación. Por eso es que se dice que los sabios permanecen en silencio. No implica que no hablen cuando se tenga que hablar. Pero es un silencio que implica observación.

No obstante, observaba cómo esa persona estaba reaccionando a mi planteamiento y podía sentir esta resistencia en la boca del estómago. Se podía sentir una tensión en nuestro compartir. Y cuanto más intentaba explicarle, más surgía su resistencia. Según esa sensación iba escalando en intensidad, observaba cómo una parte de mi mente me decía: "*¡Cállate la boca! ¡Estás argumentando contigo mismo! No importa lo que digas, ¡vas a perder! ¡Cállate ya!*". Y, sin embargo, aun sabiendo eso, no podía parar, hasta que en su momento la conciencia a través de mi cedió y empecé a escucharla y permitir que dijese lo que quisiera, no como una forma de arrogancia, sino desde una comprensión que me recordaba: "*No tienes que defender ningún punto de vista. La realidad es que ahí no hay nadie. Esa proyección te ha puesto en contacto con tu propia impaciencia, con tu propia frustración, con tu propio sentido de impotencia. Agradece ese regalo.*"

Entonces observé cómo sentí una calma en mí. No tenía nada más que decir. Ni siquiera quería decir nada. Solo deseaba estar en paz conmigo mismo y con esa persona. Luego, cuando observé una sensación de culpa querer salir diciendo "*otra vez la fastidiaste, ¿por qué no te callaste desde un principio…? Bla, bla, bla*", ahí la comprensión de no ser el hacedor tomó rienda de la mente. La culpa se cayó en unos minutos, porque sabía que esa conversación tuvo que tener lugar exactamente como tuvo que ser acorde a un plan que va más allá de mi comprensión.

Eso es para mí tomar conciencia. Pero el mensaje que quería compartir aquí es que siempre estoy interactuando conmigo mismo. Y si hay resistencia en mí, las proyecciones en el mundo me las van a mostrar. Por eso necesito recordar que si quiero compartir un punto de vista, que recuerde que lo que tengo en frente es un espejo. Y por más que mi "argumento" tenga validez, no importa lo que diga, siempre voy a perder, porque si el espejo refleja mi estado de conciencia, solo tengo que atender a cómo me siento en ese momento. Y en mi experiencia, y solo hablo de mi experiencia, cuando siento amor en mí, no tengo necesidad de compartir mi punto de vista ni de convencer a nadie de nada. Ni siquiera de entrar en conversaciones que pueden generar conflicto o separación, independientemente de que tenga o no la razón. Incluso le doy la razón a la persona con la que esté hablando, aun cuando desde mi prisma esa persona no la tenga, porque ya el deseo es el de amar, no el de separar, si es que yo quiero estar en paz y ser feliz.

El Amor Se Pierde Cuando Lo Reemplaza El Deseo

¡Cuántas relaciones se desintegran por falta de deseo al haberse uno, o los dos, creído la mentira de que el amor y el deseo son lo mismo! Esto no implica que no pueda haber amor y deseo coexistiendo en ocasiones. Solo que, cuando hablo de amor, hablo de la esencia como Ser. Y cuando hablo del deseo, hablo de la polaridad que despierta una atracción hacia otro objeto, en este caso un ser humano, sosteniendo la creencia subyacente que dice: *"eso me va a hacer sentir feliz"* o *"eso me va a llenar"*, etc.

Entonces, exploremos juntos estos dos conceptos.

Cuando amo, simplemente amo debido a que el amor Es. El amor no discrimina. El amor se extiende a todo, pues es así como se siente a sí mismo. El amor no es exclusivo, el amor es inclusivo. A eso se le podría decir vivir enamorado. No enamorado de… Simplemente, enamorado.

El deseo, no obstante, siempre tiene que ir dirigido hacia algo o hacia alguien. Pues el deseo parte de la premisa de que soy carente. Es por eso que deseo, sea lo que sea. Incluso el deseo por Dios, el deseo por la Verdad, el deseo por la paz -aunque se podría decir que ese deseo va, por lo menos, apuntando en dirección hacia la liberación- sigue siendo impulsado por la carencia. La carencia de que no soy Dios y por eso lo deseo. La carencia de que no soy consciente de la Verdad en mí y por eso la deseo. La carencia de no encontrarme en paz y por eso la deseo.

De este modo, el deseo hacia otra persona parte de esa misma premisa. Mi carencia me lleva a sentirme atraído hacia alguien y a ese deseo es al que se le confunde con el amor. Y como ya hemos visto, cuando la "luna de miel" (deseo hacia esa persona, atracción física) se cae es cuando surge "ya no estoy enamorado". Y la carencia que ese objeto o persona no pudo satisfacer, dado que la carencia estaba en mí, ahora se le proyecta a la próxima persona y se cree uno que esa otra persona es la "correcta" y el círculo vicioso, una vez más, se repite.

Hasta que no se haga una toma de conciencia en la que la paz, la relación con el Ser, no sea el deseo más profundo, siempre el deseo va a acechar porque ese deseo del que estoy hablando, sea por otra persona u otro objeto, es el deseo por el mundo. Es aquí, en este mundo, donde el ser humano se experimenta deseando todo tipo de cosas porque, en realidad, lo que busca es unión, unión con su Ser, unión con Dios, unión con la Fuente, y cree que la encuentra uniéndose a otros objetos. Por eso se siente atraído a ellos, buscando "fuera" para intentar llenar un vacío que solo puede ser reconocido cuando la atención va hacia dentro.

Por eso es que es muy simple: o deseo el mundo de las ilusiones o deseo la Verdad. Cuando el deseo por la Verdad, por la paz, se asienta, ello no implica que el mundo no se pueda disfrutar. Solo que hay un desapego natural hacia él y nada se hace con el fin de derivar algo de él. Simplemente se hace porque sí. Y cuando se deja de hacer es porque hay más paz, dicha y felicidad en la quietud que en el objeto perseguido, sea cual sea. Y esto es un proceso muy natural que no requiere sacrificio alguno.

En otras palabras, no estamos hablando de sacrificar relaciones ni de sacrificar nuestros deseos en pos de la Verdad o de la paz, pues ese sacrificio sería el obstáculo mismo para que la verdadera paz y felicidad pueda ser experimentada.

Entonces, si lo que se desea es paz, si lo que se desea es la Verdad ¿se puede entonces tener una relación con alguien? Claro que se puede, solo que la misma no se sostiene por el deseo, se sostiene por el amor incondicional que comparten, el cual, a su vez, se extiende a todo y a todos. No hay exclusividad. Lo que hay es confianza (amor).

El ego pregunta: ¿pero si no hay exclusividad, entonces se pueden acostar con quien quieran?

Volvamos al planteamiento original. ¿De dónde surge el deseo de acostarse con otros? De la carencia, de la búsqueda del placer. Cuando queda claro que no hay nada en ese otro objeto, persona, ¿cuál sería el motivo de buscar placer cuando la relación presente está anclada en la paz? Como podemos ver, esa pregunta se cae por su propio peso porque no tiene ningún sentido.

Ahora bien, si lo que surge es que la vida misma los mueve en dirección a otra relación, no es para satisfacer un deseo o un placer más, a menos que todavía haya lecciones de perdón relacionadas con ese tema. Sería porque ese currículo (relación actual) ya no sirve para el propósito preestablecido, el cual es sanar los obstáculos al amor. Es por eso que si el propósito de la relación estriba en la búsqueda del placer, esto que acabo de compartir no hace ningún sentido.

Pero si el propósito de la relación es sanar, ese mismo deseo (carencia) que impulsó a que dos personas se sintieran atraídas, se utilizará para que sea transformado en verdadero amor (paz, felicidad).

El Deseo Profundo Por Amar

El deseo profundo por amar incondicionalmente puede experimentarse, en un principio, incluso por mucho tiempo, como una experiencia muy intensa y dolorosa. No porque así lo sea, sino simplemente porque está sacando a la superficie todos y cada uno de los obstáculos al amor mismo.

Es por eso que este es un proceso que requiere de un profundo compromiso para que cuando salgan los obstáculos los podamos vivir, podamos vivir su intensidad. Según se van despojando de significado las sensaciones que surgen, la mente va más y más descansando en el amor que es. Esta sensación de la que estoy hablando -y la llamo "sensación" por darle un nombre, porque ni siquiera es eso- no se puede describir, porque la realidad es que no hay palabras para ello, es simplemente una experiencia que cuando se vive se reconoce.

Un día, me acuerdo estar sentado con los ojos cerrados escuchando un audio de alguien que estaba haciendo una contemplación guiada, y me acuerdo cuando dijo: *"suelta todos los conceptos y vacía la mente"*. Me acuerdo que me sentí muy liviano y me empezaron a llegar imágenes de personas con las que había un resentimiento escondido. La sensación que tuve fue un deseo profundo de darles un abrazo y decirles lo mucho que los amaba. Y luego se deshizo todo. Por un instante no existía un "yo" que abrazaba a nadie. Solo había eso, a lo que, por darle un nombre, llamémosle amor. No un amor dirigido a nada ni a nadie, porque es que no hay palabras.

La realidad es que esa sensación o experiencia, o como se le quiera llamar, es imposible de describir. Pero sí me dio un atisbo del espacio en el que la mente descansa cuando ama verdaderamente. Otra manera de decirlo: me dio un atisbo del espacio en el que la mente descansa cuando se encuentra libre de juicios. Y, de nuevo, esto no se puede describir. Se tiene que vivir. Luego surgen más obstáculos para ser vistos y sentidos, dado que la condición humana es una condición de restricción. Por eso es que se genera tanta frustración. Porque queremos llegar a un espacio de "perfección" dentro de la experiencia humana, la cual, de por sí, es imperfección.

Es como ser el aire que se desplaza por todo el mundo, libre, sin ningún tipo de restricción, y se agarra un poquito de ese aire para llenar un globo. En el momento en que se aprisiona al aire en el globo, ya está restringido, dado que se le ha puesto un límite. El globo es el límite. El amor es nuestra esencia, es universal, sin límites. En el momento en que a esa esencia se le aprisiona en un cuerpo se experimenta restringida y está buscando cómo unirse a la totalidad de la que forma parte.

Pero para que pueda eso tener lugar necesita liberarse de su limitación, que si en el caso del globo es el globo, en el caso del ser humano es el cuerpo mismo. Y el cuerpo, al ser una proyección mental, lo sostienen los conceptos que la mente tiene sobre esta experiencia humana. Por eso se me brindó la experiencia de un cambio de mentalidad, la cual, una vez más, no se puede describir.

Pero a lo que voy con este escrito es a que seamos conscientes de que cuando nuestro deseo más profundo es la liberación, amar incondicionalmente, esos obstáculos van a surgir y, de nuevo, se pueden experimentar como muy intensos y muy dolorosos. Y lo único que se requiere es una rendición total, confiando en el proceso mismo. Lo que digo no implica, ni estoy insinuando, que esto tiene que ser así para todo el mundo. Yo solo puedo hablar de mi experiencia, la cual nunca he dicho que sea la verdad absoluta. Pero cuando observo la experiencia de algunos, no todos, que han experimentado una transformación, de una forma u otra, han expresado el mismo sentir.

Por eso se le describe como la noche oscura del alma. O como lo plantearían enseñanzas como *Un Curso de Milagros*: *"El ego atacará tus motivos tan pronto como éstos dejen de estar claramente de acuerdo con la percepción que él tiene de ti. En ese caso es cuando pasa súbitamente de la sospecha a la perversidad, ya que su incertidumbre habrá aumentado. Es evidente, no obstante, que no tiene objeto devolverle el ataque. Pues ¿qué podría significar eso, sino que estás de acuerdo con su evaluación acerca de lo que eres?"*. T-9.VII.4:6-9. O *"En primer lugar, tienen que pasar por lo que podría calificarse como un "período de des-hacimiento". Ello no tiene por qué ser doloroso, aunque normalmente lo es."*. M-4.I.A.3:1-2.

Y repito, no estoy insinuando que todos tienen que pasar por ello. Solo comparto estas palabras para que si hay algunos que están pasando por ese proceso, que tengan fe en el mismo, que todo está bien. Nada está yendo "mal". Es simplemente el deshacimiento de la identificación con este "yo" en beneficio de tomar conciencia del Amor (letra mayúscula), que es lo único que es Real.

          El Deseo Profundo Por Amar

El Deseo Profundo Por Amar (Parte II)

En el capítulo anterior compartí una reflexión titulada *"El Deseo Profundo Por Amar"*. En el mismo, compartí una experiencia que tuve, la cual no se puede explicar en palabras. Y ese escrito iba, más bien, dirigido a explicar que para poder ser consciente de ese amor tengo que abrirme totalmente a la experiencia presente, libre de conceptos, libre de significados y sentir la intensidad del momento en su totalidad. Y aunque lo que se me haya revelado, o haya experimentado, intentara describirlo como una experiencia muy dichosa o maravillosa, fue simplemente la ausencia de un "yo". Solo cuando la mente se identifica con un "yo" es que surgen los "sentires", que pueden experimentarse como placenteros, al igual que dolorosos.

En esta segunda parte me gustaría añadir lo siguiente: el amor, siendo lo que soy, abraza la intensidad de la experiencia presente porque no rechaza nada. Es importante clarificar esto porque se puede malinterpretar lo que escribí en ese escrito asumiendo que para tener la experiencia de amor tengo que sentirme de una manera específica.

Aunque no pueda describirla, creer que cualquier sensación de dolor o de incomodidad no puede ser una sensación de amor, no sería correcto. Y, de nuevo, aquí es donde nos perdemos. Amor *es lo que somos*, no lo que "sentimos". Y cuando hay una identificación con el "cuerpo", con el "yo", no es que deje de ser amor, solo que ahora el amor que *Soy* tiene que incluirlo *todo*, incluso todo aquello que considero incómodo, o doloroso.

La presencia de un cuerpo, de un "yo" "separado", simplemente es lo que da lugar a una experiencia "sentida". Y esta experiencia física, siendo dual, siendo una experiencia sentida, siendo una limitación, da pie a toda la gama de sensaciones que forman parte de la experiencia humana. Ahora estamos aprendiendo a *amarlo todo*, sensaciones cómodas al igual que incómodas, para no perder de vista nuestra Esencia, que no es algo entendible, explicable, comprensible, descriptible desde la condición humana. Pero es lo que somos. En otras palabras, el amor simplemente *Es*.

Y no hay que intentar buscarlo. La propia búsqueda la elude porque parte de asumir que no está aquí, que esto no es amor, que el momento presente no es un momento de amor porque no está acorde con cualquier concepto que tenga sobre lo que el amor es. Y, de nuevo, el amor es lo que Soy cuando no hay una identificación con el "yo", con el cuerpo que me percibo ser. Es por eso que, a final de cuentas, cuando esta comprensión cala, no es por haber hecho ningún esfuerzo. Es porque, paradójicamente, se ha soltado todo esfuerzo por buscarlo. Por eso se dice que para "alcanzar" la iluminación se tiene que dejar a un lado el deseo por "iluminarse".

Una forma más práctica de decirlo es: ¿alguna vez has intentado recordar el nombre de una persona y por más que te esfuerces no te viene? ¿Sin embargo, cuando sueltas el deseo de recordar ese nombre y te vas a hacer otra cosa, de la nada, el nombre aparece a tu mente? ¿O cuando tienes un examen, y estás muy nervioso, y no te acuerdas de la contestación a esa pregunta y por más que intentas recordarla porque sabes que sabes la contestación, la misma no aparece? ¿Luego, cuando se acaba el examen y te relajas, en tu mente aflora esa contestación? ¿Ves a lo que me refiero? Solo cuando se deja a un lado el deseo por saber lo que el amor es, el amor mismo aflora, no como algo entendido, sino como Lo Que Es. Y el amor es *este instante presente*, libre de conceptos, libre de significado. ¿Puedes experimentarlo?

La Única Razón Por La Cual El "Ser Humano" Experimenta Miedo

Entrevistador: *"¿Papaji, quién es usted?"*.

Papaji: *"Yo soy Eso de lo cual "tú", "yo" y "todos" emanamos."*.

Cuando uno duerme y sueña, ¿de dónde surge el sueño con todas y cada una de sus aparentemente "diferentes" y "separadas" partes? De la única mente que lo está soñando. Lo que Papaji quiere decir es: solo existe Dios, Esencia, Conciencia, como se le quiera llamar *y no hay nada más*. La experiencia fenoménica (la experiencia humana) es una proyección de esa única Conciencia.

Entonces, la única razón por la cual el "ser humano" experimenta miedo es porque se cree ser una entidad separada del resto, pasando completamente por alto su Realidad como Conciencia, como Dios, como Unidad. Cuando entonces se habla de silencio, no es intentar "callar" la mente. Es una manera de decir: deja de prestar atención a lo que la mente te cuenta como "realidad" y observa cada escenario con una mente abierta, libre de conceptos y de interpretación sobre lo que crees que cada escenario significa o sobre creer saber lo que está teniendo lugar.

Eso permite que la mente deje de poner su atención fija en la manifestación y vuelva a traer presencia de manera que sea consciente de que es Conciencia. Lo que tiende a frustrar a los buscadores es que intentan llegar a ese estado de conciencia, sin darse cuenta de que *el querer alcanzar un estado de conciencia es el obstáculo mismo* porque sigue habiendo una identificación con un "yo" que ahora quiere alcanzar algo. Esto me recuerda una conversación que Ramesh Balsekar tuvo con uno de los asistentes a una de sus charlas:

Ramesh: *"Mientras una persona considere el esfuerzo como su esfuerzo personal, con el propósito de lograr algo, está rechazando el poder absoluto del Todopoderoso. Mientras una persona quiera algo del Todopoderoso, está rechazando el hecho del 'hágase Tu voluntad'. El verdadero amor de Dios significa rendirse a Èl, sin querer nada, ni siquiera la salvación. 'Allan', queriendo tú ser uno con Dios, el ser Dios no puede suceder. Por lo tanto, ser Dios solo puede suceder cuando Allan no quiere ser uno con Dios. Y eso solo puede suceder si es la voluntad de Dios. Eso es. Esa es la última palabra, Allan."*

Allan: *"Esa es la última palabra. Gracias, porque cuando me miras..."*

Ramesh: *"Cuando te miro, Allan, ¿sabes lo que siento? Compasión profunda. Eso es lo que siento. Siento profunda compasión porque Allan sigue intentando hacerlo, lo cual es imposible. Por eso sigo diciéndole a Allan: 'mientras haya un Allan que quiera ser uno con Dios, ser Dios no puede suceder'. Solo puede suceder si es la voluntad de Dios. Por lo tanto, ¿hay algo que Allan pueda hacer? ¡Sí! Déjaselo a Dios. Eso es lo único que puedes hacer, dejarlo a Dios. Mientras tanto, deja que la vida pase a través de este organismo mente-cuerpo y simplemente sé testigo de lo que está sucediendo."*

Allan: *"Por eso creo que disfruto más y más la vida."*

Ramesh: *Bien, bien.*

Por consiguiente, la vida es mucho más simple. Cuando hay una total aceptación de cada experiencia, de cada escenario, libre de juicios, libre de conceptos, libre de historias, la mente deja de prestar atención al "yo" y se funde con la experiencia misma. La vida se vive igual. Nada especial tiene que tener lugar. Ahora mismo, en este instante en que se escriben estas palabras, lo que hay es: persona escribiendo palabras. Nada más ni nada menos. Y este acto no significa nada. No hay expectativas sobre ello. Solo escribir. La vida es así. Si tuviese expectativas o una agenda para estas palabras, se pasaría por alto la espontaneidad de la experiencia y se teñiría de pensamientos "futuros", los cuales si se cumplen, el personaje "yo" se siente "bien" y si no se cumplen, el personaje "yo" se siente "mal". Y "bien" o "mal" son interpretaciones que llevan a la mente otra vez a identificarse con el personaje "yo".

Y ya se estableció que si esa identificación con el "yo" tiene lugar es porque esa es la voluntad de la Conciencia. Es la gran paradoja. Por lo tanto, si estoy escribiendo estas palabras y tú las estás leyendo, digamos que la Conciencia se está recordando a sí misma que su realidad es Conciencia. Y no hay que darle más vueltas al asunto, sino disfrutar de esa comprensión y vivir esta experiencia presente (la única que hay) despojándola de significado. Por lo menos, esa actitud permite que la paz reine en la mente mientras se vive la experiencia "humana".

¿Cómo Ser Verdaderamente Útil?

"La paz mental es claramente una cuestión interna. Tiene que empezar con tus propios pensamientos y luego extenderse hacia afuera. Es de tu paz mental de donde nace una percepción pacífica del mundo." W-pI.34.1:2-4.

En este extracto de una enseñanza titulada *Un Curso de Milagros* me llamó mucho la atención la tercera oración que dice: *"Es de tu paz mental de donde nace una percepción pacífica del mundo.".* En otras palabras, mi entendimiento es que cuando hay paz interior, en el mundo que percibo nada tiene que cambiar. Lo que cambia es mi manera de percibirlo. Cuando me hacen entrevistas, al igual que en las charlas, las preguntas que más surgen son: *"¿cómo puedo ayudar?, ¿qué puedo hacer, sobre todo en esos países donde hay tanto conflicto, guerras, gobiernos corruptos, injusticia, etc.?".* Y la respuesta que siempre comparto es: atender primero cómo eso está teniendo un efecto sobre ti.

La razón es que, al este mundo ser una experiencia dual, siempre se experimentarán opuestos. Si existe el concepto de "bien", el concepto de "mal" también tiene que existir. Si existe el concepto de "bueno", el concepto de "malo" también tiene que existir. Si existe el concepto de "justicia", el concepto de "injusticia" también tiene que existir. Y así sucesivamente con todo. Esa es la experiencia dual y no hay nada que se pueda hacer al respecto.

Sin embargo, mi manera de percibir lo que sea que tenga lugar tiene que ver con mi estado mental interno. Si estoy en paz, eso no implica que el mundo que percibo vaya a cambiar. Pero sí implica que lo voy a percibir de tal manera que, por lo menos, mi paz interna no será afectada. Lo paradójico es que, independientemente de lo que esté teniendo lugar en el mundo, desde mi paz cualquier acción que me sienta inspirado a tomar siempre va a ser la más amorosa y apropiada. Por lo tanto, primero necesito atender mi estado mental para, entonces, confiar en lo que me sienta inspirado a hacer. Solo así es que puedo ser verdaderamente útil.

Porque, sea lo que sea que me encuentre "haciendo" o no en el "mundo", necesito nunca perder de vista que mi Realidad es Conciencia, es Unidad, es Amor, es Ser, llámesele como se le quiera llamar. Esa Realidad (letra mayúscula) no puede ser afectada por ningún acontecimiento. En otras palabras, el soñador del sueño nunca podrá ser afectado por lo que acontezca en el sueño, a menos que olvide que es el soñador. Por eso es que el "trabajo", por así decirlo, que se está haciendo es tomar conciencia de mi Realidad como Fuente y no dejarme distraer por lo que los sentidos perciben.

Es por eso que la ecuanimidad del Buda estribaba, no en que él era algo "especial", sino en que se hizo consciente de que, en sus propias palabras, *"sé que soy el soñador del sueño"*. En las palabras de Jesús: *"El reino de Dios no viene con señales visibles, ni dirán: ``¡Mirad, aquí está! o: ``¡Allí está! Porque he aquí, el reino de Dios entre vosotros está."*. Lucas 17:20-21.

En otras palabras, el mundo no existe "fuera". El mundo está en la mente que lo sueña. Y el cambio no tiene que ser un cambio "externo", sino interno. Y es ahí donde la paz queda establecida. Ese cambio de mentalidad del que estoy hablando no es un cambio en el "cerebro" "humano". Es un cambio que tiene lugar a nivel de Conciencia. Es por eso que las palabras apuntan en esa dirección, aun cuando aparenta que es un "ser humano" el que las escucha. El intelecto humano sirve para procesar la información, pero no para tener una experiencia. Es por eso que puede uno experimentar frustración, porque quiere entender lo inentendible con esa mente (intelecto) que, paradójicamente, es el obstáculo mismo. Por lo tanto, aun cuando estas palabras que están siendo leídas puede que tengan sentido, en última instancia, solo el silencio es la única respuesta.

 ¿Cómo Ser Verdaderamente Útil?

La Vida Es Simple Cuando Se Vive, No Cuando Se Interpreta

La vida es simple porque se trata de este instante. Teñida de futuro es preocupación (miedo). Teñida de pasado es culpa (miedo). Aun así, el momento presente es lo único que hay. Este entendimiento no implica que pensamientos de un pasado o de un futuro dejarán de surgir en la mente. Vivir el momento presente implica permitir que todo sea como es, libre de historias. Simplemente, observando el transcurrir de la vida. Eso es paz interior.

La vida continúa presentándonos escenarios, sensaciones, pensamientos y si se les despoja de significado, lo que queda son escenarios, sensaciones, pensamientos, solo que vividos desde un espacio ecuánime conocido como *"la paz que sobrepasa todo entendimiento"*. Sin embargo, ¿por qué, aunque intelectualmente esto sea tan fácil de comprender, para muchos es tan difícil de aplicar?

Primero que nada, recordemos que hay una creencia que dice que mi identidad es que soy un ser separado y eso es lo que lleva al ser humano a la interminable búsqueda del placer que, curiosamente, eso es lo que se confunde con la "felicidad". Pero sin tener que entrar en ese detalle, a este nivel en el que me aparento encontrar, una respuesta seria a la pregunta de por qué algo tan obvio de comprender es tan difícil de aplicar, es porque hay un condicionamiento que dice que la felicidad, que la paz es algo que solo tiene lugar cuando se cumplen ciertas condiciones, cuando ciertos sentimientos o sensaciones tienen lugar, cuando el momento presente va acorde a como uno prefiere que vaya. No obstante, si uno presta mucha atención, se puede observar cómo la vida se vive más en paz, más en harmonía cuando a cada instante se le va despojando de significado.

Esto tomará el tiempo que sea necesario para cada individuo según la resistencia que haya al amor en ella o en él. Pero no se puede negar que, aunque sea por instantes, si se le despoja de significado a la experiencia presente, hay una paz que se va asentando.

Cuando el condicionamiento se va revirtiendo, dado que la comprensión se va integrando, la experiencia misma da testimonio de que hay otra manera de vivir la vida en completa paz y harmonía con Lo Que Es. Eso es aceptación, eso es paz y solo tiene lugar cuando la vida se vive, no cuando se interpreta.

Lo Tengo Todo Porque Tengo Una Mente Tranquila

En una reciente conversación que tuve con una amiga ella me dijo: *"lo tengo todo porque tengo una mente tranquila"*.

Te pido en este preciso instante que reflexiones sobre esas palabras y te hagas la siguiente pregunta: ¿en realidad lo tengo todo?

Es imprescindible tener claro que una mente tranquila es el deseo más profundo de todo ser humano porque el miedo (juicio, ataque, resentimiento, sensación de victimismo, avaricia, competición, miedo a perder algo, proteger algo, inclusio el deseo por algo, etc.), sea cual sea, independientemente de la forma que tome el miedo, se origina en la mente.

Lo curioso es que la gente me pregunta si hago algún tipo de práctica para tranquilizar o aquietar la mente y aunque no vamos a negar que pueda haber prácticas que, en ocasiones, puedan ofrecer una tranquilidad temporal, en mi experiencia, después de tantos años practicando muchas cosas, dichas prácticas no tranquilizan la mente de manera que sea el modo de vida constante.

Antes de continuar, que algo quede claro: cuando hablo de una mente tranquila, no hablo de un ser humano que no tiene retos, que deja de sentir sensaciones, que no le surgen pensamientos, digamos, "negativos", que deja de sentir dolor físico, en fin, que tiene una vida libre de todas esas experiencias que forman parte de la condición humana. Hablo de una mente que vive todas esas mismas experiencias en paz.

Entonces ¿a qué nos referimos cuando hablamos de una mente tranquila? Es una mente que vive la experiencia presente en aceptación total de lo que piensa, de lo que siente, de lo que vive. Sí, surgen deseos como parte de la condición humana, pero no busca la manera de satisfacerlos con el fin de derivar placer o felicidad. Simplemente los observa y si siente el impulso de moverse en dirección a que los mismos se satisfagan, a un nivel más profundo, sabe que el cumplimiento de esos deseos no es la fuente de la felicidad. No le van a brindar paz. Son simplemente deseos que surgen y no pasa nada.

En un principio esto no suena muy atractivo, sobre todo cuando el ser humano está condicionado a vivir su vida en la constante búsqueda del placer intentando satisfacer deseos. Aquí es donde se pone interesante el juego y es la razón por la cual es tan sutil la distracción. Hablamos de "muchos" deseos. Sin embargo, aunque aparenta que son "muchos" los deseos, la realidad es que es "un" solo deseo que se disfraza de "muchos": el deseo por el mundo, que es impulsado por la creencia de que soy un ser "separado" que necesita del mundo para ser feliz (para sentirse completo).

En otras palabras, la raíz del problema, aunque pueda aparentar ser el deseo por el mundo, es el deseo por seguir sosteniendo la identificación con este "yo". Esa identificación con este "yo" es la que da lugar a todos los aparentes deseos "externos" (una pareja, más dinero, una familia, la aprobación de los demás, un cuerpo sano o más esbelto, una vida llena de experiencias, lujos, juguetes, muchas amistades, una posición social, etc., etc., etc.). Y es un callejón sin salida porque mantiene a la mente distraída de su verdadera esencia como Ser, lo cual no tiene nada que ver con este "yo" "separado" que me creo ser. Y aunque haga prácticas para intentar tranquilizar la mente ¿quién es ese "yo" que las hace? ¿Ves la trampa? Porque ese "yo" *¡no existe!* Y, sin embargo, aparenta haber un "yo" escribiendo estas palabras. Pero ¿a quién? Y aparenta haber un "yo" leyéndolas.

Es como cuando duermes y sueñas. Es imposible despertar del sueño si se desea algo del sueño, por más minúsculo que sea. Porque para despertar del sueño se tiene que soltar el sueño *completo*. Y aquí no hay excepciones. Por lo tanto, para que la mente que sueña el sueño pueda permanecer tranquila, de manera que nada de lo que tenga lugar en el sueño le afecte, tiene que dejar de identificarse con el personaje en el sueño. Y poniendo al personaje del sueño a hacer prácticas en el sueño para tranquilizar a la mente del personaje en el sueño, la sigue manteniendo distraída.

Entonces, ¿cómo puede "uno" empezar a deshacer este montaje? Bueno, no es "uno" el que lo deshace. Eso se deshace por sí solo cuando toca. Pero si esta información te está llegando, se puede deducir que ya el deshacimiento a través de ti está comenzando a tener lugar. Entonces, vamos a ver en qué dirección nos llevan estas palabras.

Nuestra experiencia humana es una experiencia (no realidad) proyectada por la mente que sueña este sueño. Al ella identificarse con el personaje "yo", como ya he compartido, es desde ahí desde donde surgen todos los deseos y todos los apegos al mundo, lo cual es un círculo vicioso que no termina hasta que se haga consciente de que el único problema es la identificación con este "yo".

Cuando esa toma de conciencia empieza a tener lugar, no por algo que "yo" haga, sino porque la gracia, por así decirlo, se apodera de la mente, es que el desapego al mundo empieza a tener lugar y el deseo por el mundo se va debilitando, resultando en una mente tranquila. Estas palabras, como podrás ver, no son una prescripción de qué hacer o qué no hacer para desapegarte. Son una *descripción* de lo que tiene lugar cuando la mente empieza a tomar conciencia de que es mente y se va dejando de identificar con este "yo" separado.

Por consiguiente, una mente que lo tiene todo es la que se reconoce *¡como el Todo!* Por eso no le hace falta nada. Y es cuando finalmente descansa en paz.

Si me preguntases: ¿qué hago "yo" (Nick Arandes) para ser consciente de lo que comparto en este escrito? Cada vez me voy dando más y más cuenta de que "yo" no hago nada. La vida se hace a través de mí. No tengo prácticas, solo observo lo que la vida hace a través de mí. Y si surgiese alguna "práctica", sería la vida a través de mí haciéndola. Pero en mi caso, es solo observar mi experiencia presente, los movimientos que surgen y vivir. Y, de nuevo, si "tú" estás leyendo estas palabras, es la vida a través de "ti" la que te llevó a leerlas, utilizándolas para recordarse a sí misma que todo esto es un sueño y que el único problema es que nos lo estamos tomando muy en serio.

Ese amor que, independientemente del camino que haya elegido para "mí", es el mismo amor que ha elegido el camino para "ti", ahora nos ha dirigido a "ti" y a "mí" a este punto de encuentro. Puede que continuemos caminando juntos, o puede que no. Mientras tanto, lo que sea que te sientas inclinado a hacer, confía en tu proceso, de la misma manera que confío "yo" en el "mío".

Permíteme compartir estas hermosas palabras del Poeta Sufi Hafiz, las cuales son lo más cercano a cómo observo la vida viviéndome: *"Soy un agujero en una flauta por la que se mueve el aliento del Cristo. Escucha esta música."*

Dicho de otra manera: soy un instrumento por el cual la voluntad de Dios se hace. Como ser humano no pretendo ser "perfecto". Tengo mis virtudes, al igual que mis defectos. Pero confío en que la vida sabe lo que hace conmigo. Confía en que, sea lo que sea que esté teniendo lugar en tu experiencia de vida, Ella sabe también lo que hace contigo. Eso es una mente tranquila y, por eso, al igual que "tú", lo tengo todo.

El Miedo a la "Muerte" es el Miedo al Amor

Si todo está ocurriendo en la mente, las apariencias, que son solo percepciones, imágenes interpretadas, dan la impresión de que son lo que "ocurre", lo que está teniendo lugar "afuera".

Entonces, lo que el ego (interpretación "personal") hace es que utiliza la capacidad de interpretar, de atribuir significado, para así mantener a la mente distraída de lo que está ocurriendo en la mente misma, haciéndole creer que todo está teniendo lugar "fuera" de ella. Interpreta cada evento, cada imagen, cada experiencia para que la mente siga poniendo su atención en la imagen, en el evento, en la experiencia como si de verdad estuviese teniendo lugar algo "fuera" de ella misma. Como cuando uno está durmiendo y está soñando y no se percata de que todo el sueño es un producto de la imaginación, de que lo único que en realidad existe es la mente que sueña el sueño y nada más.

Cuando el ego se percata de esta comprensión sabe que sus días están contados. Ahora utiliza este entendimiento para su propio beneficio, como un último intento de mantener a la mente distraída. Lo utiliza para decirle a la mente que si cambia el contenido de la mente puede cambiar lo que está teniendo lugar "afuera".

Pero eso sigue manteniendo a la mente identificada con la creencia de que existe un "afuera". Y en lo que se está haciendo hincapié es en que no hay nada "afuera". Todo es un producto de la imaginación que no permite a la mente ser consciente de que es mente (Unidad, Amor, Dios, Esencia o como se le quiera llamar) y solo eso. *¡No "existe" nada más!*

El miedo a abrirse a ese vacío es lo que la mente llena de ilusiones, de proyecciones y, a su vez, les atribuye un significado para que esas imágenes cobren sentido por temor a, de nuevo, abrirse a ese vacío. Porque para la mente conceptual ese vacío es la "muerte". Y como el concepto muerte está cargado de miedo la mente conceptual no quiere experimentarlo. No obstante, ese vacío es, nada más y nada menos, que Verdadera Paz (letra mayúscula).

Entonces, la mente solo tiene que soltar todas sus interpretaciones, conceptos -que son lo que sostiene el mundo de la percepción- para retornar a ese espacio de pura paz, de pura dicha. Por eso se dice que para ganarlo todo hay que soltarlo todo.

Pero no estamos hablando de soltar cosas para ganar cosas. Estamos hablando de soltar toda creencia, todo concepto aprendido, toda interpretación personal para poder descansar en la dicha y en el amor que siempre ha estado presente, solo que teñido por lo que se había "aprendido".

Por lo tanto, no existe el miedo a la "muerte", solo el miedo al concepto muerte. Liberando a todas las imágenes y experiencias de significado, de interpretaciones, la mente se libera y el amor, que es lo único que es real, es lo que prevalece. Dado ese el caso, si se mira más objetivamente, en realidad, el miedo a la "muerte" es el miedo al amor.

Estas palabras que comparto simplemente están apuntando en una dirección y para una mente que esté lista y receptiva las mismas harán perfecto sentido.

Todo Está Bien

Siempre que me preguntan cómo estoy, mi contestación es la misma: *"estoy bien"*. No importa lo que esté teniendo lugar en mi vida, siempre estoy bien. Para la mayoría de las personas esta contestación no tiene sentido porque su concepto de "bien" va adherido a que las cosas tienen que ir de una manera. Cuando digo que estoy bien es porque hay una comprensión profunda de que todo en la vida es como tiene que ser, acorde a un plan universal. Hay un extracto de una enseñanza titulada *Un Curso de Milagros* que lo plantea de la siguiente manera: "*¿Qué no ibas a poder aceptar si supieses que todo cuanto sucede, todo acontecimiento, pasado, presente y por venir; es amorosamente planeado por Aquel cuyo único propósito es tu bien?*" W-pI.135.18:1

Eso es confianza en la vida (amor). Por consiguiente, es muy simple: sea lo que sea que esté teniendo lugar forma parte del plan de Dios para la salvación. Aquellos que tienen un problema con el concepto Dios podrían utilizar el siguiente juego de palabras: sea lo que sea que esté teniendo lugar forma parte del plan Divino. Cuando esa comprensión es integrada, la vida se vive en total estado de aceptación continua. No estoy hablando de resignación, estoy hablando de aceptación. Resignación implica que la comprensión de la que estoy hablando no ha sido integrada.

Cuando se vive en aceptación, la condición subyacente permanente es paz interior. Dado ese el caso ¿cómo no podría uno estar siempre bien? Hay quienes dirían o preguntarían "*¿cómo puede uno decir que está bien si ha sido violado, robado, si se le ha diagnosticado una condición terminal, si ha sido tratado injustamente, etcétera...?*" Entiendo su preocupación y reconozco que una persona que no comprende de lo que estoy hablando podría hasta resentirse de estas palabras.

Sin embargo, sin pedirle a nadie que crea lo que digo, simplemente los invito a que observen la inmensa cantidad de sufrimiento que tiene lugar cuando se resiste uno a la experiencia presente, sea cual sea, sosteniendo la creencia de que las cosas deberían ser de otra manera. Cuando la persona se da cuenta de que las cosas son como son, y que no pueden ser de otra manera porque están siendo como están siendo, la única manera de poder experimentar paz en medio de tal experiencia es aceptando su experiencia. Y esto de lo que estoy hablando no es teoría, es experiencia. Se tiene que poner en práctica para poder corroborar la validez de estas palabras.

Pero de nuevo, aceptar las cosas porque yo lo diga no es de mucha utilidad. En mi experiencia, no es tanto el aceptar lo que me ha llevado a sentirme bien con Lo Que Es, sino la certeza que hay en mí de que solo el amor es real. Por lo tanto, todo lo que esté teniendo lugar tiene que formar parte de una Voluntad ajena a la "mía". No tengo que entenderlo, no tengo que interpretarlo ni juzgarlo. Es lo que es. Y hay un último detalle que forma parte de esta ecuación. Si tengo miedo a "morir" este proceso es difícil, o me atrevería a decir imposible de llevarse a cabo. Porque cuando hay miedo a morir es porque hay una identificación con un "yo", con un "cuerpo" "separado".

Entonces, todo está bien porque reconozco que no soy este "personaje", sino que soy la mente que lo sueña todo. Y lo que sea que esté teniendo lugar en la vida de este "personaje", tiene que formar parte de un plan que la vida está llevando a cabo para recordarme, una y otra vez, que mi Realidad (letra mayúscula) es algo que trasciende esta experiencia "humana". Y cuanto más sigo observando lo bien que me siento cuando dejo de juzgar, cuando dejo de interpretar, cuando permito que todo sea como es, en aceptación total, no puedo sino ser consciente de que *todo está bien*. Aunque la realidad es, no es que todo esté "bien", sino que *todo está como está*. Y al estar bien con lo que está, siempre estoy bien.

¡Amar Es Tan Simple! Es Lo Obvio. Y, ¿Por Qué Se Experimenta Tan Difícil?

Antes de abordar el tema en discusión, utilizo este primer párrafo como preámbulo para establecer una base. Amar (letra mayúscula) es simple porque es el estado natural del Ser. Y "Yo" ("Todo") es el Ser. El Ser (Amor) es la Totalidad. La experiencia de un "cuerpo", no obstante, es el "límite" que se le ha puesto a la Totalidad de manera que pueda definir quién soy "yo" en mi experiencia "humana". Mi límite es "yo", porque "mi" cuerpo, que percibo como "separado" del "tuyo", me lo muestra.

Y observemos que estoy utilizando la palabra "percibir" porque una ilusión aunque no es real se percibe así. Aun así, aunque ese límite esté establecido el deseo profundo por amar (unión) pone a uno en constante contacto con los obstáculos al amor (el miedo a desaparecer como entidad separada).

Habiendo compartido ese preámbulo, ahora voy a utilizar la palabra amor con minúscula porque quiero tocar el tema desde nuestra experiencia dual. Amar es simple porque es mi naturaleza. Pero cuando surgen los obstáculos observo lo difícil que en ocasiones me resulta amar (unirme). Tengo momentos que siento un amor y una aceptación por todo, y es ahí que me doy cuenta de lo simple, de lo natural que es amar, pues la idea de un "yo" separado se desvanece.

Sin embargo, de la nada, surgen pensamientos en mi mente de viejos resentimientos que necesitan ser perdonados, y eso surge porque, aunque por un lado quiero amar (unirme), por el otro le tengo terror a amar (a unirme) porque si me uno, como entidad separada, tengo que desaparecer. Entonces, el problema no es tanto el de querer amar o no. El problema es no querer soltar mi identidad como un "yo" separado. El estado natural del Ser es amor porque no hay separación. Solo cuando se percibe separación es que el amor aparenta dejar de ser.

Según esta comprensión se va asentando, en mi experiencia, que no tiene por qué ser así para todos, sigo viviendo mi vida normal, solo que por alguna razón hay un deseo más profundo por la quietud y el silencio. Pero para otras personas pueda que no sea así.

¿Cómo entonces puedo aprender a amar mientras me experimento como un cuerpo? No pretendo impartir una contestación a esa pregunta. Solo puedo recordar que no hay un "yo", que solo hay Amor (Dios, Energía, Conciencia, Espacio, como se le quiera llamar). No hay a donde llegar. No hay nada que "alcanzar". No hay nada que "hacer". Solo hay, *Lo-que-Es*. Este momento, este instante con las sensaciones que tengan lugar, con los pensamientos que tengan lugar, con las circunstancias que tengan lugar.

Si acepto todo tal como es, en mi experiencia, *¡eso es Amar!* Y es por eso que amar es tan simple, es *lo obvio*.

El Poder del Silencio

Imagina un espacio totalmente vacío en el que lo único que existe es energía. (La palabra energía sigue formando parte de la dualidad, pero es la que me he sentido inspirado a utilizar de manera que sirva para este ejemplo). En ese sentido es que se dice que lo único que existe es energía *¡y no hay nada más!*

En el Advaita a esa energía, espacio, se le conoce como la Conciencia siendo lo único que hay. En otras filosofías se la conoce como Dios. O para utilizar un término más generalizado, Amor (letra mayúscula).

Esa energía (Conciencia, Amor, Dios) no para efectos de la teoría de *Un Curso de Milagros* pero en términos generalizados, de buenas a primeras empieza a tomar una forma que se percibe como "muchas" formas. En el budismo se habla de un solo ego que aparenta ser muchos. De ahí se percibe la diversidad de las formas: cuerpos, piedras, montañas, ríos, insectos, nubes, bacterias, planetas; en fin, todo aquello que puede ser percibido como algo "separado" "uno" de "otro". Y desde la perspectiva de un "yo" todo eso se percibe como algo separado de "mí".

"Yo" soy tan energía como todas esas aparentes diferentes formas. Pero siempre y cuando "yo" crea que soy un cuerpo separado en vez de formar parte de la Totalidad (Energía, Espacio, Dios) voy a creer que todo lo que percibo a mi alrededor son formas "diferentes" y "separadas" de "mí". Y de la manera que mantengo la ilusión de que hay formas diferentes y separadas de mí es a raíz de las etiquetas que he aprendido a otorgarles, empezando por la etiqueta "yo".

Si por ejemplo aparte de la primera etiqueta "yo" veo algo "aparte de mí" que tiene la silueta de un tronco con hojas se me ha enseñado a decir: "eso es un árbol", y ese árbol es algo separado de "mí". Y así con todo: "eso es un carro", "esa es una computadora", "ese es un hombre", "esa es una mujer", "esa es mi mamá", "ese es mi papá", "este es 'mi' brazo...", e, inclusive, hasta lo más abstracto es etiquetado, como por ejemplo, "estos son 'mis' pensamientos", "estas son mis sensaciones", etc. Pero todo forma parte de la misma energía (Totalidad, Espacio, Dios). Todo forma parte de lo mismo, que es *¡lo único que hay!*

Es por eso por lo que la analogía del sueño es perfecta para por lo menos conceptualmente entender esto. La analogía del sueño expone que la mente del que sueña el sueño representa el espacio vacío (lo único que hay). El sueño que, aunque se percibe como algo "real", es simplemente una sola imagen proyectada dentro de ese espacio vacío (mente del soñador). Debido a las aparentes "diferentes formas" que se perciben en esa única imagen, aparenta como que hay "muchas" imágenes "separadas".

Otro ejemplo que se utiliza mucho es el de la pantalla de cine. La pantalla es solo una, y es lo único que es real (lo único que hay). Y, sin embargo, de un solo proyector se proyecta una sola proyección conteniendo una secuencia de imágenes que en realidad es una sola imagen reemplazada por otra a alta velocidad. Y lo que se proyecta en la pantalla que, aunque se percibe muy real, es solo luz superpuesta sobre lo único que es real: la pantalla en blanco.

Entonces, aun sabiendo esto, desde nuestra experiencia "humana" lo único que se hace es observar la experiencia presente, libre de significado, y el proceso de deshacimiento de la creencia en una identidad separada se deshace por sí solo. Intentar "iluminarme", "despertar" o ir en pos de algún estado "avanzado" de conciencia, no es ni "correcto" ni "incorrecto", solo que sigue poniendo la atención en este "yo" que ahora intenta alcanzar algo. Y, por consiguiente, es que se dice que la búsqueda es el obstáculo mismo.

En función de lo que se expone con este escrito, lo único que necesita tener lugar es vivir la experiencia presente libre de significado. Así, poco a poco, la mente empieza a desvincularse de su posición fija con la identidad "personal" y se va abriendo a lo que, aunque en palabras no se puede describir ni explicar, se le puede conocer como un estado de conciencia más lúcida, más despierta.

Es consciente de que es consciente. No se identifica con la película, aunque vive la experiencia de la película, solo que no pierde de vista su realidad como pantalla. No se identifica con el sueño, aunque vive la experiencia del sueño, siendo consciente de que es eso que sueña el sueño.

Estas palabras no tienen la intención de explicar lo inexplicable, pero apuntan en dirección a lo inexplicable. En última instancia, la única palabra que se puede utilizar para la receptividad de este mensaje es *silencio*.

¿Por Qué Se Le Teme a La Muerte?

Cuando se le teme a la muerte es porque se ha pasado por alto la pregunta fundamental, la cual es, ¿quién es ese "yo" que le teme a la muerte? Cuando estoy identificado con mi cuerpo como si fuese mi identidad real, el miedo a la muerte es inevitable. Sin embargo, cuando hay una comprensión fundamental de que lo que soy es Conciencia, aquello que es consciente de mi experiencia como cuerpo, el miedo a la muerta automáticamente deja de existir porque lo que Soy (letra mayúscula) no puede "morir". Es eterno.

Es como la mente que sueña un sueño. Si la mente que sueña el sueño se identifica con el personaje soñado, y como parte de ese sueño está la creencia de que ese personaje puede "nacer" y puede "morir", la mente se sentirá atemorizada con la posibilidad de que ese personaje "muera". Pero si la mente es consciente de que está soñando un sueño, de que el personaje en ese sueño no es la mente misma, sino que una imagen proyectada, puede que la mente continúe soñando el sueño, solo que ya no se lo cree y el temor a la muerte de ese personaje deja de ser un problema.

Es por eso por lo que toda filosofía no-dual apunta en dirección a la Conciencia y no al personaje. Si me preguntas si tengo miedo a morir la contestación es un no absoluto. Sin embargo, mucha gente también contestaría que no le tiene miedo a la muerte. Generalmente, a lo que le temen es a que algo les pudiese ocurrir a su cuerpo que pueda terminar siendo física o psicológicamente doloroso. Pero hasta eso se puede vivir feliz-mente cuando la mente no está identificada con su experiencia física.

Individuos que han soltado el cuerpo a raíz de una condición degenerativa, pero que han sido conscientes de su Esencia, antes de soltar el cuerpo han vivido su experiencia libre de sufrimiento. Es como observar el cuerpo hacer lo suyo, pasar por su proceso, mientras que hay una inquebrantable identificación con la Conciencia.

Palabras como estas, que no son varitas mágicas, se escriben, no para que un cambio radical tenga lugar de manera que quien las lea deje de temerle a la muerte, aunque uno no sabe lo que pueda tener lugar en cualquier momento, pero sirven como recordatorio, como señaladores que apuntan en dirección a lo que en realidad es importante, recordar lo que Soy.

Así que, el miedo a la muerte solo surge cuando hay una identificación con este "yo". Cuando esa identificación se suelta, lo que hay es *pura libertad*, aun cuando todavía la experiencia física siga teniendo lugar. Solo que el día que toque dejar el cuerpo a un lado se hará con una sonrisa porque ya se sabe que no se deja *nada* atrás, que *no se pierde nada*, que nada ni nadie está "muriendo", sino que la experiencia física está siendo reemplazada por el estado natural de amor incondicional, paz infinita, dicha y felicidad eterna, en fin, por *la vida eterna*.

Este Momento Es Una Experiencia Única En Todo El Sentido De La Palabra

La experiencia presente no es una que se "vive"; ¡*simplemente es*! No hay una identificación con un "yo" que "vive" la experiencia presente. Simplemente la experiencia presente ¡es! Es experiencia misma, con toda su textura, con todo su color y la misma se vive en paz cuando se deja libre de significado.

Lo que ocurre, es que, para significados, para que surjan interpretaciones, tiene primero que haber una identificación con un "yo". Sin una identificación con un "yo" no existen interpretaciones, solo existe *Lo Que Es*. Mientras lees estas palabras hay una des-identificación momentánea con ese "yo". No se experimenta un "yo" que está leyendo; simplemente leer es lo que ocurre. Eso es experiencia misma.

La vida cotidiana es experiencia misma, salvo cuando la experiencia presente se tiñe de interpretaciones que solo tienen lugar cuando hay una identificación con un "yo". Ese "yo" interpreta la experiencia presente como agradable o desagradable, se preocupa de lo que pueda tener lugar en el "futuro" o se siente culpable por lo que haya tenido lugar en el "pasado"; de la misma manera puede sentir placer a raíz de interpretar pensamientos futuros o pasados que le agraden pero, lo curioso del caso, es que pasado y futuro son simplemente pensamientos que tienen lugar en el momento presente, que, de nuevo, solo surgen cuando hay una identificación con este "yo". Eso, a su vez, da lugar a la ilusión de tiempo y espacio.

Pero tiempo y espacio son constructos ilusorios de la mente porque lo único que existe es este instante presente.

No tienes que creer estas palabras, ni te pido que las creas. Simplemente, compruébalas por ti mismo. ¿Puede haber algún lugar, espacio o experiencia que no sea la que está teniendo lugar ahora mismo?

Si haces una reflexión honesta te darás cuenta de que lo único que existe es este instante presente. Aquí no existen preocupaciones, no existe culpabilidad, no existe nada salvo la experiencia misma. Culpabilidad, preocupaciones, todas esas son meras interpretaciones. Esta misma experiencia libre de significado es la paz que toda la vida el ser humano ha estado buscando, la tiene en sus propias narices, y la pasa por alto creyendo que es algo que tendrá lugar en el "futuro" cuando su experiencia presente cambie para algo "mejor".

Y eso que juzga la experiencia presente como "inadecuada" y que va en pos de algo "mejor" es el "yo" del que estamos hablando, que no es más que un producto de la imaginación y que se deshace en la presencia de este momento cuando la mente deja de proyectarle significado al momento presente.

Volviendo a lo que compartí anteriormente, mientras estabas leyendo estas palabras, totalmente sumergido en la experiencia misma de leer ¿dónde está ese yo? la pregunta que ahora surge es ¿y cómo puedo dejar de identificarme con este yo? La contestación es muy simple: eso no es algo que el "yo" hace. Pues aquí es donde el "yo" inventa estrategias y prácticas para des-identificarse del "yo". Y es un callejón sin salida porque para que ese "yo" haga una estrategia de manera que pueda des-identificarse de ese "yo" primero tiene que asumir que ese "yo" existe y de lo que estamos, finalmente, empezando a tomar consciencia es de que eso "yo" es *inexistente*.

Estas palabras no son escritas para que "tú" como "persona" experimentes que ese "yo" no existe. Están simplemente apuntando en dirección a que nuestra Esencia (letra mayúscula) es algo que va más allá de nuestra experiencia como "ser humano". Esa comprensión surge, si es que tiene que surgir, cuando tenga que surgir, y como tenga que surgir. Por ahora, las palabras se usan como símbolos, que, de nuevo, apuntan, pero que no son la experiencia.

Es por eso por lo que de esto no se puede hablar. Aunque intentamos hablar sobre ello y escribir sobre ello es una comprensión que simplemente tiene lugar. Si estás leyendo estas palabras y hay resonancia en ti con ellas se podría deducir que la mente está abierta a esta comprensión. Eso no implica que la comprensión vaya a tener lugar inmediatamente, pero le llamo fertilizando el terreno. Esta experiencia es tan simple y obvia, que lo que la hace imposible de experimentar es la resistencia para soltar la identificación con este "yo".

El "ser humano" se ha pasado toda su vida construyendo este "yo". Se siente orgulloso de sus logros de la misma manera que se siente dolorido e indignado por sus fracasos. Pero logros y fracasos forman parte de una historia que la mente fabrica para sostener la identificación con un "yo" que ahora "cree" que ha "hecho cosas" o que ha "dejado de hacer" cosas.

Soltar la identificación con este "yo" es una forma de muerte. No es una muerte física necesariamente, es una muerte de identidad. Desde la perspectiva "yo" esa muerte de identidad simboliza una pérdida, que solo cuando hay una identificación con el "yo" se experimenta como dolorosa.

No obstante, desde la perspectiva de la Conciencia, de eso que Soy (letra mayúscula), la des-identificación con este "yo" es una total liberación porque la Conciencia, al no estar restringida, es ahora libre para ser lo que siempre ha sido: Totalidad en todo el sentido de la palabra. Paz infinita, plenitud absoluta.

Y esa experiencia de paz infinita, de plenitud absoluta, de amor incondicional, *es la experiencia presente misma cuando no se le proyecta significado*, cuando no se exige nada de ella. En ese sentido lo que hay es presencia, lo que hay es *Lo Que Es*. Y este momento, que es una experiencia única en todo el sentido de la palabra, libre de significado, sería lo mas cercano a la experiencia de amor puro, o para personas que se sienten cómodas con el concepto Dios, es la experiencia de Dios. Por eso se nos dice: *"Estad quietos y sabed que yo soy Dios; ..."* [Salmos 46:10]

Estar quietos no significa que "yo" estoy quieto. Es simplemente una manera de decir: suelta todo lo que crees "saber" y lo que eres (amor, Dios, paz) es lo que queda.

Por eso es tan obvio, tan simple y, a su vez, tan aterrorizante, porque a lo que el ser humano más le teme es a su propia ausencia, aun cuando todo el sufrimiento surge a raíz de la creencia de creerse ser un ser humano. Si la oruga supiese que si suelta su pellejo se convierte en mariposa, ¿no crees que dejaría el pellejo lo antes posible?

Hasta que el ser humano no tome consciencia de la paz, del amor, de la libertad que tiene lugar al soltar su identidad, seguirá defendiéndola hasta la "muerte". Sin embargo, un proverbio de la India dice que, para poder ser verdaderamente libre y feliz, ahora, en este preciso instante, hay que aprender a "morir" mientras está uno "vivo".

¿Cómo se "muere" mientras me experimento como un cuerpo "vivo"? Simple. Suéltalo todo *¡ahora mismo!* Suelta todas las creencias de lo que crees ser, de cómo las cosas "deberían" ser y, sin duda alguna, va a morir tu sentido de identidad. Y la libertad de sentirte en paz en este preciso instante emerge. Esa es la vida eterna porque la mente se ha liberado. Eterna, no en tiempo y espacio. Eterna, libre de tiempo y espacio.

Y aquí viene la paradoja: esto no es algo que "tú" como "persona" "haces". Es lo que ocurre a través de ti, si es que debe tener lugar. En un principio, esto que acabo de decir puede experimentarse como una desilusión. Pero utilizando las palabras de Ramesh Balsekar, si estás leyendo este tipo de material, y este no es un ocurrir que tiene lugar al azar, se podría deducir que la Conciencia está empezando a despertarse a través de ti y ese es motivo suficiente para celebrar.

Estar Solo Versus Sentirse Solo

Recientemente se me pidió si podía hablar un poco sobre el tema de la soledad. Me sentí inclinado a compartir lo siguiente en cuanto a mi experiencia, al igual que mi comprensión basada en la experiencia humana. El ser humano se siente solo por el mero hecho de percibirse separado de la Totalidad. Es por eso por lo que busca en el mundo compañía para sentirse pleno. Lo que busca en otro ser humano es un sentido de unión. La Unión que cree haber perdido al percibirse como un cuerpo separado.

Ese tipo de "unión", no obstante, no es en realidad una "unión". Es, más bien, el miedo a sentirse solo. Sin embargo, cuando uno se siente pleno, nunca se siente solo, aunque esté solo. Yo me la paso gran parte de mi tiempo solo. Esto no implica que no me guste compartir. Disfruto mucho cuando comparto con otras personas. Pero también disfruto mi tiempo solo. Porque no es en realidad que estoy "solo". Es un reconocimiento de que siempre estoy acompañado. Estoy acompañado por esa Esencia que forma parte, no solo de mí, sino de todo.

Esto es algo que tiene lugar, muy naturalmente, cuando la paz empieza a ser prioridad sobre todas las cosas. Porque no estamos hablando de soltar el deseo de estar con otras personas. Estamos hablando de aferrarme profundamente a la Presencia, a *Eso* que se le etiqueta Dios, Amor, Esencia, Divinidad, Absoluto, etc., pero que, para mí, es sinónimo de Paz. Por consiguiente, mi deseo por la Paz es mi deseo por *Eso* que tiene muchos nombres, aunque ninguno de esos nombres lo pueda definir. Yo no puedo soltar mi deseo a un ser humano, en el que creo que voy a encontrar paz o felicidad, si no estoy dispuesto a saltar al vacío, a totalmente entregarme a los brazos de *Eso*, donde se encuentra la verdadera paz y felicidad.

Es por eso por lo que en la India se dice que un gusanito no suelta una hoja hasta que se encuentre firmemente aferrado a otra.

Entonces, el objetivo para mí no es buscar la manera de ver cómo no sentirme solo; es percatarme de que cuando me siento solo es porque hay un sentimiento que tengo miedo a mirar. Y lo que hago es permitir que ese sentimiento surja, observando qué significado la mente le quiere dar y reconocer que nada significa nada. Permito que la presencia del instante presente lo arrope, confiando en que hay un amor en mí que todo lo transforma, aunque en ese momento no sepa ni lo que es ese amor, ni cómo hace el trabajo.

Según esa comprensión se va asentando, porque ahora me voy sintiendo más cómodo conmigo mismo y esto ya es algo que no se puede describir con palabras, el deseo por el mundo, de buscar otras personas para que me pueda sentir pleno, se desvanece.

Ya la soledad no me atemoriza. Incluso me siento muy cómodo con ella porque sé Quién o Qué (letra mayúscula) soy. Y lo paradójico es que puedo disfrutar plenamente la compañía de "otros" sin miedo a que se vayan. Porque ya no importa si hay compañía de "otra" persona, o no. Nunca estoy solo.

Aquí hay que tener mucho cuidado, porque no quiero que este escrito sea malinterpretado.

Hay personas que prefieren estar solas porque se sienten incómodas relacionándose con otras personas. Y eso no va acorde con lo que intento compartir en este escrito. Las relaciones nos ofrecen oportunidades hermosas para sanar. De hecho, ese es su único propósito.

Yo no estoy solo porque no desee estar con nadie. Lo que quiero decir es que cuando estoy solo no me siento solo en absoluto. Y si me tuviese que quedar solo por el resto de mi vida, dado que eso es lo que toque en mi guion, estoy bien con ello. Pero no busco la soledad para huir de la compañía. Simplemente observo cómo se va desenvolviendo mi guion. Unas veces toca estar acompañado y otras veces toca estar solo. Porque "solo" o "acompañado" soy consciente de mi Esencia. Esa que es Una con todo.

¿Cómo podrías sentirte solo cuando sabes quién eres? ¿Es posible que Dios se pueda sentir solo? Lo que quiero decirte, aunque te sea difícil de aceptar, es que "Tú", no como cuerpo, sino como esencia, ¡eres Dios!

La pregunta que hora surge es: ¿cómo puedo tomar conciencia de que soy esa Esencia? Aquí no existe un "cómo". Estas palabras no son una "prescripción". Son una *descripción* que solo sirven de recordatorio. La vida misma, que lo orquesta todo, que te ha llevado a leer estas palabras, dirigirá todos y cada uno de tus pasos para que las mismas se integren. Ahora solo toca *confiar en el proceso*.

     Estar Solo Versus Sentirse Solo

¿Es Posible Saber Cuál Es La Pareja "Adecuada"?

La contestación simple y directa sería que la pareja adecuada es *con la que ahora mismo te encuentras* debido a que ahí tienes el currículo *perfecto* para las lecciones de perdón que sean necesarias. Pero vamos a ampliar este tema empezando por algo que escuché de la filosofía budista.

En el budismo se dice que si conoces a una persona con la que el latido de tu corazón incrementa intensamente y se te mueve todo, esa no es la persona adecuada. Si, no obstante, conoces a una persona con la que sientes calma, sientes paz, esa sí es la persona adecuada.

Aquí hay que tener mucho cuidado. Porque el ego puede utilizar esas palabras para esconderse y evitar lecciones de perdón. Esas palabras están apuntando hacia un conocimiento muy útil y beneficioso. Pero para ello primero tiene que haber una preparación. Entonces, vamos a explorar juntos hacia dónde estas palabras apuntan.

Antes de abordar este tema tengamos claro que en este escrito se está hablando en dos niveles simultáneamente. El nivel de la forma, que es la apariencia de que hay un cuerpo relacionándose con cuerpos separados de ese, y el contenido, que es nuestra verdadera Esencia.

Me explico. Habiendo solo Uno, en Esencia, no en la forma, no existe una "persona allá afuera" que me pueda hacer sentir de ninguna manera porque no existe nada ni nadie. Pero, en la forma, en la experiencia física, aunque ilusoria, pero es nuestra experiencia, esa persona "allá afuera" es más bien un espejo que muestra lo que se encuentra en mí. En ese sentido, si alguien me hace sentir excitado o ansioso, solo está mostrando la excitación y la ansiedad que hay en mí. De la misma manera, si alguien me hace sentir paz, es simplemente un reflejo de la paz que hay en mí. Ahí es que las palabras del budismo apoyan el ver en qué estado me encuentro cuando la vida me presenta a alguien para compartir una dinámica de relación.

Vamos ahora a ver qué surge con este tema. Cuando se siente una atracción, un deseo profundo hacia otra persona, aunque en la superficie se le llame estar "enamorado" y empiezan a surgir ideas de un "futuro feliz", de que encontré a la "persona perfecta", el "amor de mi vida", mi "alma gemela", etc., sabemos que tarde o temprano todo el condicionamiento de miedo que está escondido detrás va a aflorar. Porque, creámoslo o no, ese deseo por esa "otra" persona no puede sino venir de un sentido de carencia, de sentirse incompleto y que ahora se busca ese "otro cuerpo" para sentirse uno "completo". (Esa es la premisa de la cual surge la analogía de la "media naranja").

Cuando uno se siente pleno, no hay deseo de buscar nada más. Eso no implica que la vida no nos pueda dirigir a un compartir con otro ser humano. Pero ese compartir no proviene de una carencia. Proviene de un impulso que nos mueve a extender el amor que somos. No obstante, cuando se experimenta carencia, también va a haber un impulso que nos mueve hacia otra persona, sólo que este impulso es para ver qué puedo derivar de ese encuentro.

Entonces, ¿qué podemos hacer cuando la vida nos presenta a alguien que nos mueve todo? ¿Rechazarlo? ¿Huir de ahí porque los budistas dicen que eso lo que va a traer son problemas? No hay contestación específica sobre qué hacer o qué no hacer, dado que lo que sea que tenga que ocurrir ocurrirá. Pero, de nuevo, para efectos de personas leyendo esto, creyendo que tienen algún poder de elección, lo que observo es que si de antemano se le establece el propósito de sanar, no para albergar fantasías ni expectativas de un futuro o de estar juntos para siempre, no porque sea "incorrecto", sino porque eso tampoco está garantizado, la relación ahora se puede aprovechar para mirar todos los miedos escondidos para ser expuestos y liberados ante la luz de la verdad.

Eso, creámoslo o no, le da un verdadero sentido a la relación. Y lo curioso del caso es que cuando ese propósito está firmemente establecido, en el momento en que surgen situaciones extremadamente dolorosas, la tendencia no es de huir de la relación como generalmente ocurre; es *poner todo el enfoque en un trabajo interno* para sanar. Y no importa lo que tenga lugar en la relación; al traer conciencia no puede sino sentirse agradecimiento cuando se observa el cambio que va teniendo lugar en uno.

Una vez se experimenta una sanación, una de dos cosas podría ocurrir: la primera, si la relación no sirve para el propósito de perdonar y sanar, o, aunque el propósito de sanar esté ahí pero no puede uno ir más allá de su resistencia debido a la intensidad de su dolor o sufrimiento, el amor mismo hace que la relación se deshaga por sí sola. Luego, si todavía hay lecciones de perdón con relación al ámbito de pareja, una vez que la persona esté lista para mirar sus miedos, se le presentará otra oportunidad.

   ¿Es Posible Saber Cuál Es La Pareja "Adecuada"?

Si, por el contrario, lo que se tenía que sanar se sanó, puede que continúen juntos. Eso no lo sabemos. De hecho, aunque la relación sea conflictiva, si ese es el currículo perfecto para los dos, según el plan universal, puede que permanezcan juntos de por vida. Pero, no sólo por experiencia personal, que no insinúo que sea la verdad absoluta, es solo un punto de vista, sino también por la experiencia de aquellas personas que comparten una relación consciente, cuando una de las partes siente paz interior y su pareja está en constante conflicto interno, es muy raro que esa relación se sostenga a menos que la persona que esté en paz no tenga problema alguno con el conflicto que la otra persona pueda experimentar consigo misma y de corazón desee estar ahí.

Pero, siempre y cuando nunca se pierda de vista que la única función, en todo momento, con cualquiera que sea la experiencia de vida, con quien sea que la vida nos ponga enfrente, es perdonar, es sanar, el amor se encargará de lo que tenga que tener lugar para beneficio de todos. Y este escrito aplica a todo tipo de relación. Porque, sea una relación de pareja, de amigos, de compañeros de trabajo, o con cualquiera que sea, lo que me atrae a esa persona o me repulsa, sigue siendo un movimiento interno, que, si no se observa, va a regir nuestras vidas, haciéndonos creer que el problema está "afuera", con la pareja, cuando en realidad está en nuestro interior, solo que proyectado "fuera".

Lo que estamos haciendo ahora no es evadir, rechazar o ignorar ese mecanismo, sino observarlo conscientemente. Eso nos libera para poder relacionarnos en paz con quien sea que la vida nos ponga enfrente. Porque, a fin de cuentas, habiendo solo Uno, quien la vida me pone en frente es *¡a mí mismo*!

¿Es La Búsqueda Necesaria Para La Liberación?

La búsqueda es necesaria solo cuando existe el olvido de lo que realmente Soy. Lo curioso del caso, es que la búsqueda misma es un obstáculo para la liberación porque para que haya una búsqueda tiene que haber una identificación con un "yo" que busca. Paradójicamente, al haber una identificación con ese "yo", la búsqueda se hace necesaria para que, en su debido momento, ese "yo" pueda darse cuenta de que la búsqueda no puede llevarlo a ningún lugar y la pueda soltar. Y en ese soltar de la búsqueda es que se abre el espacio para que la liberación pueda tener lugar.

Es como cuando intentas recordar un nombre. Piensas, te esfuerzas, y nada ocurre. Cuando la mente, exhausta de pensar, deja ya de intentar recordar el nombre y se va a hacer otra cosa, ese nombre que tanto estaba intentando recordar espontáneamente aparece. O cuando intentas encontrar una persona en una multitud de gente. Buscas exhaustivamente y no la encuentras. Cuando dejas de buscarla, de buenas a primeras, la persona aparece enfrente de ti.

Sin embargo, muchas personas han tenido que pasar por un proceso de búsqueda, la cual ha sido necesaria y útil, de la misma manera que muchas otras nunca han emprendido ningún tipo de búsqueda y han tenido una experiencia de liberación espontánea. Es por eso por lo que no hay reglas. Es un camino *altamente individualizado*. Por consiguiente, no puedo utilizar mi experiencia como referente para "otros" porque cada cual tendrá que vivir su proceso.

No obstante, mientras me experimento como un personaje, puedo encontrarme compartiendo mi experiencia, si es que surge en una conversación. No como una sugerencia de qué hacer o qué no hacer, sino como algo que ocurre espontáneamente, dado que la vida misma ha orquestado esa conversación para beneficio del despertar de la Conciencia. Estas palabras que aquí se escriben no significan absolutamente nada. No van dirigidas a nadie. Y, sin embargo, están siendo escritas. ¿Con qué propósito? ¿Quién sabe? Yo solo me observo escribiéndolas y nada más.

Lo importante es recordar, que al no ser el hacedor, no hay nada fuera de lugar en la experiencia de cada organismo cuerpo-mente. En ese sentido, el que se sienta inspirado a buscar que busque, dado que así lo ha decidido la Conciencia. El que no se sienta inspirado buscar que no busque, dado que así lo ha decidido la Conciencia. De ahí en adelante tendrá lugar lo que sea que deba tener lugar según el plan de la Conciencia misma para Su despertar.

¿Se Puede Avanzar O Evolucionar Espiritualmente?

Hace un tiempo atrás, una amiga contactó conmigo por WhatsApp porque tenía una inquietud. Se encontraba sintiéndose mal, y en el tono de su voz se experimentaba como una sensación de tristeza. Estaba frustrada porque llevaba muchos años practicando una filosofía no-dual llamada *Un Curso de Milagros* al igual que meditando y haciendo todo tipo de prácticas, y sentía que no estaba "avanzando". Todavía experimentaba ataques de ira en algunos momentos, aunque experimentaba momentos de paz esporádicamente, pero creía que, o estaba haciendo el Curso "mal", o sus prácticas no las estaba haciendo "bien". En fin, se sentía desanimada y confundida. Por lo tanto, a través de este personaje Nick, surgieron las siguientes palabras:

"La confusión que observo contigo, y que es muy típica, es que estás haciendo prácticas, inclusive haciendo Un Curso de Milagros, con el objetivo de cambiar a tu personaje por uno 'mejor'. Y eso no está mal, de hecho, todos cuando nos sentimos inspirados a hacer algún tipo de práctica es porque como personas queremos sentirnos mejor. Y, generalmente, puede que se experimente una mejoría temporal en nuestra experiencia de vida, solo que esa mejoría no tiene nada que ver con lo que el ego define como 'mejoría'. El ego define como "mejoría" un personaje, un 'yo' 'perfecto', 'diferente' al que ahora mismo estoy rechazando. Es una pelea perdida.

Me explico. El único problema es que me he creído ser este personaje, este 'yo' que está teniendo una experiencia de mundo. La experiencia humana es una experiencia dual en la cual se experimentan todo tipo de movimientos, sensaciones, situaciones; en fin, es un constante cambio.

Entonces lo que el ego (identificación con este yo) hace con todo tipo de prácticas y enseñanzas es buscar la manera de tener una experiencia física en la cual no se experimentarán cambios. Luego utiliza la experiencia presente, *la única que hay*, y la interpreta primero en función de creer que soy un cuerpo y luego, según sus creencias y conceptos, de cómo este cuerpo se 'debería' sentir, de cómo la experiencia presente 'debería' ser y pasa por alto que este "yo" es una proyección de la mente con un guion y un condicionamiento ya predestinado.

Esto no implica que ese condicionamiento no pueda cambiar durante la experiencia de vida ilusoria del personaje, si es lo que toca en su guion. Pero juzgar el condicionamiento de nuestro personaje nos mantiene en guerra con nosotros mismos. A eso se le conoce como vivir en el infierno.

En tu caso, por ejemplo, tienes un concepto que dice que si haces el curso 'bien' o haces tus prácticas 'bien' nunca sentirás momentos de ira o cólera o como los llames. Por consiguiente, según tu entendimiento, si sientes algunas de esas sensaciones (movimientos), eso implica que estás haciendo tus prácticas 'mal' o, simplemente, no estás 'avanzando'. Pero lo que cada enseñanza no-dual, como lo que sería el *Advaita*, *Un Curso de Milagros*, por mencionar algunas, están apuntando en dirección a que reconozcas que tú no eres este "yo" que está teniendo esta experiencia. Que lo que realmente eres es *Conciencia*, *Unidad*, *Dios*, llámesele como se le quiera llamar.

Esas enseñanzas no van dirigidas a que el personaje deje de sentir movimientos; van dirigidas a que la mente no se distraiga creyendo que su realidad es este "yo" que me he creído ser. Es por eso por lo que enseñanzas como estas solo terminan confundiendo cuando intentamos traerlas al mundo de las formas, al personaje "yo", que es la distracción misma.

Entonces, ¿es posible avanzar o evolucionar espiritualmente? Si lo vemos desde la perspectiva no-dual, en donde no existe un 'yo' ¿quién entonces estaría 'avanzando' o 'evolucionando'? Y en ese sentido ¿quién entonces se estaría "retrasando" o haciendo algo 'mal' o 'incorrecto'? La contestación obvia sería: nadie. Vamos ahora a mirar tu dilema para que puedas observar lo simple que todo esto es.

Lo único que hay es este instante presente. La experiencia humana es la apariencia de tiempo y espacio. También la experiencia humana, al ser una experiencia dual, no existe constancia ninguna, solo movimientos; movimientos que se experimentan en la experiencia presente, que continúo recordando, es *la única que hay*. Los movimientos en la experiencia humana pueden tener diferentes grados de intensidad. Sería como decir: cada movimiento tiene su propia textura, su propio carácter. No obstante, lo que todos y cada uno de los movimientos tienen en común, primero, es que *no significan nada* y, finalmente, solo aparentan estar siendo sentidos por un 'yo', que es lo que me creo ser.

La Conciencia, que es lo que realmente Soy, no experimenta ningún tipo de movimiento. *Simplemente Es*. Entonces, la manera de vivir la experiencia humana, sin sentirse uno distraído por los movimientos, es dejando de proyectarles significado a los movimientos. Por eso, utilizando *Un Curso de Milagros* de ejemplo, la primera lección es *'nada de lo que veo significa nada'*. W-pI.1 Si pudieses integrar esa primera lección vivirías en paz el resto de tu vida. Podrías vivir los movimientos a los que etiquetas como cólera, los movimientos a los que etiquetas como placer, al igual que los movimientos donde aparenta haber tranquilidad, de la misma manera. *Aceptación total*. Esa es la famosa paz que tanto se busca en la experiencia humana.

Pero, de nuevo, al creer ser un 'yo' que se llena de conceptos, intenta ahora poner en práctica todo tipo de enseñanzas con el propósito de que en algún momento (futuro) tener esa experiencia en la que dejarán de experimentar movimientos y estará en ese estado de paz y 'zen' en todo momento. Y juzga su experiencia presente, *la única que hay*, en función de sus conceptos. Si todavía no experimenta ese estado 'zen', para el personaje 'yo' significa que no está haciendo sus prácticas 'bien', no está meditando 'bien', no está haciendo *Un Curso de Milagros* 'bien' y, además, se juzga y se culpa porque lleva muchos años haciendo esas prácticas y cree que no está 'avanzando'. Pero, de nuevo, avanzar implica movimiento.

Avanzar es movimiento hacia un futuro en función de una experiencia pasada, y retraso es lo opuesto, en función, de nuevo, de una experiencia pasada porque es lo que usa como referencia para comparar. Y, lo curioso del caso, es que no existe una experiencia "pasada" porque ¡lo *único que hay es la experiencia presente*!

Y la experiencia presente, *la única que existe*, lo que hay es *Lo Que Es*. Si toca movimiento de ira, se vive. Si toca tranquilidad, se vive. Si toca deseo, se vive. Si toca placer, se vive. Si toca dolor, se vive. Y todos esos 'diferentes' movimientos, y observa que puse la palabra diferentes entre comillas, son ¡*el mismo movimiento*! solo que con diferentes texturas.

Si a alguna de esas texturas dejas de etiquetarla como ira, placer, dolor, sufrimiento, paz, etc., las vives sin ningún conflicto. Y eso es ser consciente. Una vez que se es consciente, es que la identificación con el personaje se va debilitando porque todo movimiento, sea cual sea, es lo que la mente ego utiliza para sostener la 'realidad' del personaje, porque ahora soy 'yo' quien siente ese movimiento al que etiqueto como 'ira'. Soy 'yo' quien siente ese movimiento al que llamo "placer". Soy 'yo' quien siente ese movimiento llamado 'tristeza'. Soy "yo" quien siente ese movimiento llamado…. Y es un callejón sin salida.

Una persona consciente, que puede ser cualquiera de nosotros, vive exactamente todos los mismos movimientos que cualquier ser humano vive. La única diferencia es que no los considera como 'sus' movimientos. Simplemente se consideran como movimientos que están teniendo lugar en la experiencia presente como voluntad de la Conciencia, no como algo que le está sucediendo a ese 'yo', ni como algo que ese 'yo' está 'creando'. Si ese 'yo' creyese que lo está creando sentiría culpa.

Es muy simple. Lo que sea que esté pensando, sintiendo, sucediendo en la experiencia presente es simplemente *Lo Que Es ¡y nada más!*

Al no utilizar ningún pensamiento pasado como referente ¿donde existe el "avance"? No puede haber un avance porque no hay nada más que la experiencia presente. No puede haber una "evolución" porque no hay nada más que la experiencia presente.

Y dices: *'pero siento que no estoy avanzando porque hace 10 años tenía las mismas sensaciones'*. Y lo que se te está intentando comunicar es que *¡no existe 10 años atrás!* Lo que existe es *¡el instante presente!* Con todos sus movimientos y sensaciones. Y la imagen mental que fabricas de una experiencia "pasada" solo sirve para justificar el deseo de sentirte mal por creer que no estás "avanzando". Cuando, de nuevo, no puedes "avanzar" ni "evolucionar" en ninguna dirección porque lo único que existe *¡es el momento presente!*

Quítale al momento presente todo significado y estás en paz con *Lo Que Es*. *¡No hay nada más que hacer!*

Pero la identificación con este "yo" que quiere que las cosas sean diferentes, o sentirse diferente, o nunca experimentar ira o cualquiera que sea el movimiento, es lo que está pasando por alto que *lo único que hay es Conciencia*. Conciencia es aquello que es consciente del personaje, que es consciente de los movimientos, y al ser consciente de que es consciente, no se ve afectada por lo que sea que esté teniendo lugar con la experiencia humana.

Así que, dejemos de utilizar prácticas con el propósito de alcanzar algo. *No hay nada que 'alcanzar';* lo único que hay es *la experiencia presente con todos y cada uno de sus movimientos.* Según se aprende a vivir más en aceptación total de *Lo Que Es*, la condición humana deja de ser distracción y lo que ahora hay es experiencia. Experiencia es vida. Vida despojada de significado es comprensión. Y donde hay comprensión lo que hay es amor. Y, al ser amor, todo movimiento, sea cual sea la etiqueta que se le hubiese querido adherir, no es juzgado, no es rechazado, es aceptado, *es amado*.

Se acabó el conflicto con todo lo que estés sintiendo, con todo lo que estés pensando, con todo lo que esté ocurriendo. Eres amor y lo único que ahora haces es amar, aceptar, abrazar."

¿Es La Coherencia Posible Como Ser Humano?

Este es un tema muy delicado para mí. En ciertos aspectos de mi vida me he sentido incoherente. Suena muy bien la idea de poder ser coherente y aunque tenía la teoría clara porque inclusive podía dar una charla y quizás hablar sobre ello, seguía observando cómo había incoherencia en mi comportamiento. Siento que vale la pena explorar esto porque sin darse uno cuenta podría ser una fuente que genere culpa.

Esto que voy a compartir se aborda, no desde la típica psicología ni desde el comportamiento humano, sino desde la filosofía no-dual que apunta hacia la unidad y no la separación. No utilizo este escrito para defender un punto de vista ni para asumir que tenga razón. Simplemente estoy compartiendo lo que me he sentido inspirado a escribir. Si sientes que te pueda servir aplícalo. Si sientes que no, descártalo.

Entonces ¿es posible que un ser humano sea coherente? La respuesta es que *sí*, solo que hay un pequeño detalle: *el ser humano de por sí es imperfecto, es una proyección de una mente*. Y al ser una proyección de esa mente, esa mente a su vez le proyecta a ese "ser humano" su condicionamiento.

Hay personas que quizá aparentan haber "superado" su incoherencia, o simplemente en su guion toca que fuesen coherentes. Sin embargo, según se ha ido asentando el hecho de que no soy "yo" quien vive sino que soy un instrumento a través del cual la vida me vive he ido dejando de prestar atención a mi comportamiento y a poner más el enfoque en mi paz interior.

A raíz de eso algo curioso ha ido teniendo lugar. La culpabilidad por experimentarme incoherente está siendo reemplazada por aceptación a mí mismo. Curiosamente, eso me ha llevado a relacionarme con otras personas con total honestidad. Total honestidad implica que habrá momentos en los que no seré coherente, pero a su vez no soy mi comportamiento. Soy exactamente lo que tú eres, somos amor, somos unidad. Solo que tú tendrás tus incoherencias y yo tendré las mías. No necesito arreglarte ni necesito arreglarme porque no deseo nada de ti, ni siquiera nada de mí.

Un sabio no se siente culpable por sentirse incoherente. Simplemente acepta su condicionamiento y se encuentra en paz consigo mismo. Lo curioso del caso es que por esa razón el sabio también acepta el condicionamiento de todos y no intenta cambiarlos porque sabe que ese condicionamiento forma parte del plan del amor mismo. Porque el ser humano, siendo una marioneta, se comportará tal y como esté programado.

Al personaje Nick Arandes que ahora mismo se encuentra escribiendo estas palabras le da igual si es incoherente o no porque sabe que es solo un comportamiento que no tiene que ver conmigo como Ser. Y por eso no tengo intención ninguna de "arreglarme" ni de "arreglarte" aunque en la superficie se puede ver que hago mi trabajo interno lo cual puede ser conducente a un cambio en mi comportamiento. Eso es lo paradójico. No tengo intención de "arreglarme", sin embargo, a través de mí surge el deseo de perdonar para experimentar paz lo cual se podría interpretar como que estoy haciendo algo para cambiar el condicionamiento.

Lo que tengo claro es que si se supone que cambie algo en mí la Conciencia que me proyectó se encargará de ello. Si se supone que algo cambie en ti la Conciencia que te proyectó se encargará de ello. Eso, una vez más, erradica la culpa.

¿Eso implica que hay algo malo o incorrecto con gente que quiera hablar sobre ese tema y apoyar a otros a que un cambio ocurra en ellos? No, eso no es lo que quiero decir. Lo que cada persona haga o deje de hacer forma parte del guion de esa persona. Algunos están programados para apoyar a otros con cosas que son muy del mundo como parte del proceso de sanación de la misma manera que otras están programadas para hablar de temas ya más abstractos como la no-dualidad. Son todos escalones necesarios.

Repito: Este escrito solo se enfocaba en ser conscientes de cuán fácil se cuela la culpa cuando queremos intentar "arreglar" el personaje porque toda la atención va al personaje y el personaje *no es* lo que Soy. Solo necesito mantener la atención en la Fuente (el recuerdo de la Verdad en la mente) donde lo que hay es unidad. A raíz de ello si un cambio es necesario sucede automáticamente. Es por eso por lo que no tengo que hacer nada. A final de cuentas la pregunta es: ¿Qué es lo que realmente deseo: la Verdad, la Paz, o seguir creyendo que soy este cuerpo que necesita constantemente ser "arreglado"? Y aquí surge la paradoja, sea lo que sea que el personaje "yo" desee ya está decidido en el guion. De todos modos lo importante es recordar, aun mientras nos encontremos moviéndonos en dirección a efectuar algún cambio en nuestro comportamiento, no cometer el error de creer que somos el comportamiento. Para efectos de este escrito, no somos ni "coherentes" ni "incoherentes". Somos el Santo Hijo de Dios *inocente*.

La Más Hermosa Oracíon

"Señor, dame un estado de conciencia en el que no necesito nada de nadie, ni siquiera de Ti."

Esta es la oración más hermosa que cualquiera podría rezar. Es la que rezo a diario y la aprendí de Ramesh Balsekar.

Imagínate lo que es vivir en un estado de conciencia en la que no necesitas nada. Eso es *paz absoluta*. Eso es *dicha eterna*. Eso es *felicidad inquebrantable*. Pero mientras el ser humano se perciba como un individuo separado no va a poder sino rezar por cosas "externas" creyendo que así va a ser feliz y sentirse pleno.

Mi experiencia me muestra, una y otra vez, que cuando estoy en un estado en el que no necesito nada de nadie la mente se puede mantener ecuánime y el mundo se experimenta mucho más amoroso. Esto es tan simple, de hecho, es nuestra naturaleza. Pero como está la mente tan condicionada a creer que si suelta este mundo, que si suelta sus deseos "pierde" algo o está "sacrificando" algo, experimenta como un estado de total desilusión, de apatía y algunas personas pueden sentir como una sensación de depresión.

Pero en realidad lo único que está teniendo lugar es que la mente se está transformando. Recordemos que aunque la Conciencia no necesita nada dado que es su naturaleza, ese estado de plenitud ha sido suprimido por el condicionamiento que dice que necesita buscar algo para sentirse plena, para ser feliz. Aquí es donde el sistema de pensamiento del ego, al espiritualizarse, dice que para que el individuo pueda experimentar ese estado de unión con Dios tiene que renunciar a sus deseos, sacrificarse, vivir una vida de abstinencia, etcétera.

La oración que aquí comparto es una manera de ir amorosamente permitiendo que la mente sea transformada. En ningún momento yo siento que he tenido que sacrificar nada. Solo que mientras el condicionamiento se va poco a poco deshaciendo, sin ignorar ni suprimir cualquier deseo o preferencia que pueda surgir, esa oración apoya a mantener un enfoque que va poco a poco apuntando hacia la verdadera paz.

Por consiguiente, cuando me siento atraído hacia algo o hacia alguien o tengo un deseo profundo hacia algo del mundo, sin intentar negarlo o suprimirlo, simplemente cierro los ojos y recuerdo: *"Señor, dame un*

estado de conciencia en el que no necesito nada de nadie, ni siquiera de Ti."
Y observo lo que el personaje "yo" se encuentre haciendo.

Puede que en ocasiones me encuentre moviéndome en dirección al cumplimiento de ese deseo de la misma manera que puede que no. La diferencia es que si me encuentro moviendo en dirección a ese deseo y simultáneamente la mente se está entrenando para soltar las necesidades dado que su enfoque va más en dirección hacia la paz, eso que en un principio deseaba con el propósito de sentirme "pleno" puede ahora transformarse en otra oportunidad para sanar cualquier sentido de carencia.

Es así como puedo poner todos mis deseos y preferencias al servicio de la verdad, al servicio del amor para que pueda experimentarse una transformación interna. Eso va retornando la mente a su estado natural de paz y plenitud. Entonces se deja de necesitar el mundo y se empieza a vivir en paz mientras se transita por él.

Conclusión

Descanso en Dios. Si la palabra Dios genera algún conflicto puedes sustituirla por la palabra paz. No obstante, recuerda que la palabra Dios es solo un concepto que carece de significado. Por consiguiente, cualquier molestia que algún concepto pueda generar es simplemente otra oportunidad para sanar. Para mí, descanso en Dios (paz) es lo que cada vez va surgiendo en la mente mientras me encuentro afrontando las experiencias que la vida me presenta.

Y toda experiencia, sea cual sea, me brinda un gran regalo: el reconocimiento de que mi paz no puede ser afectada por nada "externo" debido a que todo es un constructo mental. Todo el contenido de este libro apunta en dirección a ese recordatorio.

En mi experiencia, que no asumo que sea la verdad absoluta, siempre que estoy amando me siento feliz, estoy en paz. No estoy hablando de placer corporal cuando hablo de amor, sino, más bien, de una sensación de acogimiento en el que todo está aceptado, todo es bienvenido, nada es rechazado, juzgado ni condenado.

Inclusive, aun cuando se me presenten situaciones con personas que, en apariencia, se puedan percibir o interpretar como con una actitud de hostilidad, al poder vivir esa experiencia en total aceptación, siento en mí la felicidad y la paz que se encuentra en el trasfondo. Y lo que observo es que, en vez de un sentimiento de victimismo hacia mí y/o de culpabilidad hacia la otra persona, lo que tiende a surgir en mí es una profunda compasión hacia ese escenario. Y, de nuevo, me apoya a estar en paz y sentirme feliz en cada momento.

Esto no implica que me guste todo lo que vea o que esté de acuerdo con todo lo que suceda. Pero sí implica que mi actitud hacia cualquier experiencia, en función de todo lo que he compartido en este libro, sea más bondadosa. Este libro que la vida me ha llevado a escribir representa una ventana a través de la cual puedes asomarte y mirar mi interior.

Como ser humano, reconozco mi imperfección. Y, aunque por un lado pueda tener atributos, también reconozco mis defectos. Si las reflexiones compartidas en este libro han servido para añadir un poco de luz a cualquier rincón de oscuridad en tu mente, que, por favor, recuerdes que las palabras no surgieron de mí. Surgieron de la misma Conciencia de la cual tú y yo formamos parte.

No tomo ningún crédito por lo que se haya escrito. Solo sé que mi deseo más profundo es amarlo todo. Y estoy abierto a lo que sea que la vida quiera hacer conmigo para que ese deseo tan profundo pueda expresarse.

Aunque se sepa que no existe un "tú" ni un "yo" separados, este libro al igual que estas palabras, son percibidas. Desde ese espacio de percepción comparto el siguiente deseo para ti, *que la paz se apropie de tu mente, y que el amor se extienda a través de ti, para así poder ser compartido con todo y con todos.*

Con amor,

Nick Arandes

Le preguntó un estudiante a su maestro: "*¿Maestro, cuál es el secreto de su perfecto e inquebrantable estado de serenidad?*" El maestro le respondió: "*Aceptación total de la experiencia presente*".

www.ingramcontent.com/pod-product-compliance
Lightning Source LLC
Chambersburg PA
CBHW060529160726
47991CB00001B/250